軽井沢
小諸・上田・松代・松本・善光寺

あなただけの
プレミアムな
おとな旅へ！
ようこそ！

SIGHTSEEING

塩沢湖畔に立つ睡鳩荘は軽井沢別荘建築における傑作

睡鳩荘 ➡ P.64

KARUIZAWA
KOMORO UEDA MATSUSHIRO
MATSUMOTO ZENKOJI

軽井沢 小諸・上田・松代・松本・善光寺への旅

きらきら光る風のリゾート
のびやかに心がひらくとき

木立を渡る風は、心なしか爽やかな緑色に見え、体が染まるようだ。目的のスポットや心地よさそうなカフェ、ランチの店などを決めておき、足の向くまま小径にそれる。軽井沢が避暑地に恰好だと言ったのは英国の外交官アーネスト・サトウで、明治期外国人たちが別荘を建て、保養地ができた。やがて室生犀星や堀辰雄、鴎外や漱石などが親しんで、リゾートに文学の味付けをし、近年にはジョン・レノンが遊んだ。涼やかな風には今も独特の瀟洒な気配がひそむ。

SIGHTSEEING

夏の訪れを告げるバラの花。高貴な香りも楽しみたい

軽井沢レイクガーデン ➡ P.68

SIGHTSEEING

「軽井沢の父」と呼ばれた宣教師、A.C.ショーが開いた教会

日本聖公会
軽井沢ショー記念礼拝堂 ➡ P.36

宣教師たちを魅了した
清涼な空気と美しい森

かつて"屋根のない病院"と称賛された冷涼な空気を胸いっぱいに吸い込んで

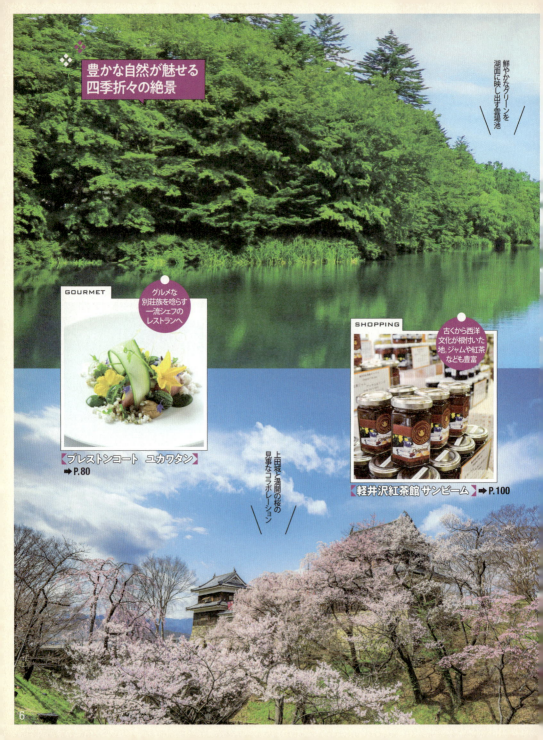

豊かな自然が魅せる 四季折々の絶景

鮮やかなグリーンを湖面に映し出す雲場池

GOURMET
グルメな別荘族を唸らす一流シェフのレストランへ

【ブレストンコート ユカワタン】
➡ P.80

SHOPPING
古くから西洋文化が根付いた地。ジャムや紅茶なども豊富

【軽井沢紅茶館 サンビーム】 ➡ P.100

上田城と満開の桜の見事なコラボレーション

HOTELS

国内外の文化人が訪れたクラシックな名門ホテルへ

〖万平ホテル〗 ➡ P.105

HOTELS

極上のリゾートホテルで非日常なステイを満喫

〖星のや軽井沢〗 ➡ P.104

風情ある街並みに遥かな歴史を想う

なまこ壁の蔵が立ち並ぶレトロな中町通りを散歩

おとな旅プレミアム 軽井沢 小諸・上田・松代・松本・善光寺

CONTENTS

軽井沢・長野・松本広域図 ……………… 2
軽井沢 小諸・上田・松代・松本・善光寺への旅
きらきら光る風のリゾート
のびやかに心がひらくとき ……………… 4
軽井沢・上田・松代・長野・善光寺・松本は
こんなところです ……………… 12
トラベルカレンダー ……………… 14
プレミアム滞在モデルプラン
軽井沢・上田・善光寺・長野・松本
おとなの1日プラン ……………… 16

ニュース＆トピックス …… 22

特集

移ろう季節のなかへ ……… 24
新緑が祝福する高原を歩く ……… 24
水辺に涼をもとめて ……… 26
避暑地を染める紅葉の輝き ……… 27
美しい雪景色と光の饗宴 ……… 28

軽井沢

軽井沢はこんなところです ……… 30

旧軽井沢　32
旧軽井沢 ……… 32
木洩れ日が揺れる緑陰の散歩道 ……… 34
静寂に包まれた祈りの場 森の教会 ……… 36
旧軽井沢銀座通り ……… 38
避暑地の新定番 軽井沢トースト ……… 40
昭和が息づくレトロ喫茶で憩う ……… 41
洋と和のなつかしい美味 ……… 42
避暑地の洗練をお持ち帰り ……… 43

旧碓氷峠森林浴ハイキング ……… 44

中軽井沢　46
中軽井沢 ……… 46
森に包まれた小さな街 星野エリア ……… 48
心洗われる高原の美術館 ……… 52

軽井沢駅周辺　54
軽井沢駅周辺 ……… 54
カラマツ林を抜けて水と緑の高原を走る ……… 56
北軽井沢へ! 絶景ドライブ ……… 58
軽井沢・プリンスショッピングプラザ ……… 60

南軽井沢　62

南軽井沢 …………………………………… 62
別荘地で美とふれる旅 アートな午後 … 64
避暑客を祝福する花々を追って ………… 68
歴史　高原に花開いたリゾートの今昔 … 70
　　　美しい村を愛した文化人 ………… 74
　　　文学者ゆかりの地をたどる ……… 78

食べる　80

上質が宿る美食のテーブルにて ………… 80
リゾートの朝のおもてなし ……………… 85
高原に届いた南欧の風 ガレット&ピッツァ … 86
優雅なる名門ホテルの特等席
カフェテラスの幸福な時間 ……………… 88
やさしい光がご挨拶 木洩れ日のカフェ … 90
街で評判のパン屋さん …………………… 94
和の粋を食す ……………………………… 96
名店のこだわりを手繰る ………………… 97

買う　98

別荘族御用達みやげ ……………………… 98
ご当地スーパーへご招待 ……………… 101
自慢の一品に魅せられて ……………… 102

泊まる　104

リゾートの極上ホテル ………………… 104
周辺の街とスポット
信濃追分 ………………………………… 108
小諸 ……………………………………… 110

上田・松代

上田・松代はこんなところです ……… 112
上田　114
上田 ……………………………………… 114
松代　116
松代 ……………………………………… 116
周辺の街とスポット
別所温泉 ………………………………… 118
歴史　真田幸村を生んだ一族の軌跡 … 120
一族発祥の地、真田の郷へ …………… 122

長野・善光寺

長野・善光寺はこんなところです …… 124
善光寺周辺　126
善光寺 …………………………………… 126
伝統のおもてなし 門前町の味 ………… 130
門前カフェの休息 ……………………… 132
旅人の心をつかむ善光寺みやげ ……… 133
長野駅周辺　134
長野駅周辺 ……………………………… 134
周辺の街とスポット
小布施 …………………………………… 136

松本

松本はこんなところです ………… 138

歩く・観る　140
松本 ……………………………… 140
歴史　城下町・松本の歴史 ……… 143

食べる　144
古き良き食卓への憧憬 …………… 144
街の誇りを食す …………………… 146

買う　148
中町通り・縄手通り ……………… 148

周辺の街とスポット
浅間温泉 …………………………… 150
美ヶ原温泉 ………………………… 152

軽井沢・上田・長野・松本へのアクセス …… 154
エリア間の移動 …………………… 155
軽井沢の交通 ……………………… 156
上田の交通 ………………………… 157
長野の交通 ………………………… 157
松本の交通 ………………………… 157
INDEX ……………………………… 158

付録地図
軽井沢・小諸・上田 ……2　　上田 ………………… 13
軽井沢広域図 ……………4　　真田の郷／別所温泉 14
軽井沢中心部 ……………5　　長野・小布施・松代 15
旧軽井沢 …………………6　　長野・善光寺 ……… 16
軽井沢駅周辺 ……………8　　小布施／松代 ……… 17
中軽井沢 …………………9　　松本・浅間温泉／
南軽井沢 ………………… 10　　浅間温泉 ………… 18
信濃追分／小諸 ………… 12　　松本 ………………… 19

本書のご利用にあたって

● 本書中のデータは2021年3月現在のものです。料金、営業時間、休業日、メニューや商品の内容などが、諸事情により変更される場合がありますので、事前にご確認ください。

● 本書に紹介したショップ、レストランなどとの個人的なトラブルに関しましては、当社では一切の責任を負いかねますので、あらかじめご了承ください。

● 営業時間、開館時間は実際に利用できる時間を示しています。ラストオーダー(LO)や最終入館の時間が決められている場合は別途表示してあります。

● 休業日に関しては、基本的に定休日のみを記載しており、特に記載のない場合でも年末年始、ゴールデンウィーク、夏季、旧盆、保安点検日などに休業することがあります。

● 料金は消費税込みの料金を示していますが、変更する場合がありますのでご注意ください。また、入館料などについて特記のない場合は大人料金を示しています。

● レストランの予算は利用の際の目安の料金としてご利用ください。Bが朝食、Lがランチ、Dがディナーを示しています。

● 宿泊料金に関しては、「1泊2食付」「1泊朝食付」「素泊まり」は特記のない場合1室2名で宿泊したときの1名分の料金、「シングル」「ツイン」「ダブル」は1室あたりの料金です。曜日や季節によって異なることがありますので、ご注意ください。

● 交通表記における所要時間、最寄り駅からの所要時間は目安としてご利用ください。

● 駐車場は当該施設の専用駐車場の有無を表示しています。

● 掲載写真は取材時のもので、料理、商品などのなかにはすでに取り扱っていない場合があります。

● 予約については「要」（必ず予約が必要）、「望ましい」（予約をしたほうがよい）、「可」（予約ができる）、「不可」（予約ができない）と表記していますが、曜日や時間帯によって異なる場合がありますので直接ご確認ください。

● 掲載している資料および史料は、許可なく複製することを禁じます。

■ データの見方

☎ 電話番号	交 アクセス
所 所在地	P 駐車場
開 開館／開園／開門時間	in チェックインの時間
営 営業時間	out チェックアウトの時間
休 定休日	客 宿泊施設の客室数
料 料金	

■ 地図のマーク

★ 観光・見どころ	H 宿泊施設
卍 寺院	i 観光案内所
开 神社	道 道の駅
R 飲食店	♨ 温泉
C カフェ・甘味処	🚏 バス停
S ショップ	✈ 空港
SC ショッピングセンター	⛷ スキー場

旅のきほん 1

エリアと観光のポイント
軽井沢 上田・松代・長野・善光寺・松本はこんなところです

さわやかな高原リゾートから、話題の武将ゆかりの地、古刹と門前町、天守がそびえる城下町まで。個性豊かな見どころと出会う旅へ。

宗派を超えた古刹に参詣
長野・善光寺 ➡P.123
ながの・ぜんこうじ

創建から約1400年の歴史を誇り、日本最古といわれる仏像を絶対秘仏の御本尊として祀る善光寺。全国から参詣者が集まる、日本有数の由緒ある門前町だ。

周辺の街・温泉
小布施 おぶせ ➡P.136

●善光寺本堂は国宝に認定されている　©善光寺

観光のポイント
善光寺 P.126　ぱてぃお大門 蔵楽庭 P.135　西方寺 P.135
城山公園 P.134　MIDORI長野 P.135

真田の城が勇名を馳せた
上田・松代 ➡P.111
うえだ・まつしろ

大河ドラマで注目を集めた真田幸村。その父・昌幸が本城・上田城を築いた。松代は、江戸時代に真田信之が上田から移封し治めた、松代藩の城下町。

周辺の街・温泉
別所温泉 べっしょおんせん ➡P.118

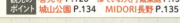
●真田幸村のロマンを追おう

観光のポイント
上田城 P.114　松代城跡 P.116
真田氏歴史館 P.122　真田氏本城跡 P.122　長谷寺 P.122

天守が健在の城下町
松本 ➡P.137
まつもと

現存する貴重な天守のなかでも、5重6階の構造では日本最古という大天守を持つ松本城が見事。城下町に残された歴史情緒や、近代以降育まれた芸術や民芸も興味深い。

●国宝・松本城は街のシンボル

➡城下町風情のあるなまこ壁の街並みが続く中町通り

周辺の街・温泉
浅間温泉 あさまおんせん ➡P.150
美ヶ原温泉 うつくしがはらおんせん ➡P.152

観光のポイント
松本城 P.140　深志神社 P.142
中町通り・縄手通り P.148

12

旅のきほん 2

主要4都市の一年の移ろいから、旬の魅力を発見
軽井沢・上田・長野・松本トラベルカレンダー

標高が高い軽井沢と、山に囲まれた街々。季節ごとの気温や降水量に差や特徴があるので、服装には気をつけたい。イベントや食材にも注目。

	1月	2月	3月	4月	5月	6月
	平均気温が氷点下となり、厳しい寒さが続く。防寒対策はしっかりと。	空気が澄み、夜空には満天の星が広がる。寒さはまだまだ厳しい。	天気が変わりやすい月。徐々に気温が上がるが、軽井沢の春はまだ先。	多くの街で寒さが和らぎ、桜も開花。高原の軽井沢は遅れて下旬に開花。	新緑が気持ちのよい季節。朝晩はかなり冷えるので上着が必要。	降水量が少ない地域ではあるが、梅雨にはまとまった雨が降る。

軽井沢: 月平均気温(℃) / 月平均降水量(mm)
上田: 月平均気温(℃) / 月平均降水量(mm)
長野: 月平均気温(℃) / 月平均降水量(mm)
松本: 月平均気温(℃) / 月平均降水量(mm)

積雪で困るような心配は少ないが、気温は非常に低くなるため、上下厚手の服装で万全に

まだ肌寒いので薄手のコートなどを用意したい

1月
上旬 松本あめ市
商都松本の新春行事で、江戸時代前期の「塩市」が起源とされる。福あめの露店販売や時代行列など多彩な催しを開催する。

6日 おびんずる廻し
善光寺本堂のびんずる尊者像をもみ上げ、参詣者とともに妻戸台の周りを廻す行事。参詣者には杓子が授与され、その杓子で尊者像をなでて持ち帰ると、一年を無病息災で過ごせるといわれている。

リンゴ 9〜1月
↑リンゴ

2月
12月下旬〜2月中旬 軽井沢白糸の滝 真冬のライトアップ
軽井沢の冬の風物詩「白糸の滝冬のライトアップ」。雪、水、光が調和した神秘的な空間を演出する。※詳細は公式HPで確認

上旬〜中旬 長野灯明まつり
長野オリンピックのメモリアルイベントとして賑わった「善光寺ゆめ常夜灯」を発展させ、2004年から始まったイベント。「善光寺五色のライトアップ」が見どころ。

↑サクラソウ ↑バラ

3月
11月下旬〜3月上旬 軽井沢ウインターフェスティバル
軽井沢の街がイルミネーションで染まる一大イベント。モミの木々とキャンドルの光が、ロマンティックな夜を演出する。

3月下旬〜4月中旬 信州国際音楽村 すいせん祭り
上田市・信州国際音楽村の花畑一面に広がる美しい水仙を楽しめる。

↑桜 ↑コブシ

4月
上旬 上田城千本桜まつり
上田城跡公園周辺にソメイヨシノやしだれ桜など約1000本の桜が咲き誇る。物産展などが開催されるほか、夜には千本桜のライトアップも楽しめる。

桜 4月〜5月上旬 ※軽井沢は4月下旬〜
コブシ 4月下旬〜5月上旬

↑桃

5月
4月29日〜5月31日 工芸の五月
松本の民芸館、ギャラリー、クラフトフェアなど約50の会場で工芸の企画展を開催。

3〜5日 善光寺花回廊
中央通りなど、長野駅〜善光寺周辺の各所が美しい花で飾り付けられる。

サクラソウ 5月

↑梨

6月
6月下旬〜7月中旬 信州国際音楽村 ラベンダー祭り
浅間山麓、蓼科山などを望む上田市・信州国際音楽村の花畑にラベンダーが咲き誇り、華やかな香りを楽しめる。

↑栗

14

↑長野灯明まつり

↑信州国際音楽村すいせん祭り

↑信州国際音楽村ラベンダー祭り

↑長野えびす講 煙火大会

7月	8月	9月	10月	11月	12月
観光シーズンの始まり。軽井沢は避暑客が多く、大渋滞もしばしば。	高冷地気候の軽井沢高原だけでなく、長野や松本も比較的涼しい。	台風が多い時期を迎える。その後、気温が下がり、本格的な秋が訪れる。	長野の紅葉は駆け足。見頃をチェックして、美しく色づく山々へ。	気温がぐっと下がり、いよいよ冬の到来。温かいそばが恋しい季節。	高地では、木々についた水蒸気などが凍る氷霧という神秘的な現象も。

グラフ数値:
- 7月: 24.4 / 24.8 / 24.6 / 20.5、135.5 / 104.0 / 106.0 / 72.5
- 8月: 24.1 / 24.8 / 24.7 / 20.0、156.0 / 118.0 / 144.5 / 181.5
- 9月: 15.6、259.5 / 166.5 / 174.0 / 194.5
- 10月: 19.3 / 19.6 / 19.2 / 10.2、20.5 / 23.5 / 29.0 / 32.5
- 11月: 13.4 / 13.9 / 13.7 / 6.5、127.5 / 108.5 / 81.0 / 127.5
- 12月: 9.8 / 10.2 / 9.9 / 1.1、4.1 / 4.3 / 4.5、20.0 / 22.5 / 38.5 / 39.0

日中はTシャツでOK。朝晩は冷え込むので羽織れるものを

涼しい紅葉のシーズンを過ぎると寒さも本格的に。冬の服装を準備

中旬の日曜
岳の幟
別所温泉に古くから伝わる雨乞いの祭り。色とりどりの反物と竹竿でできた長さ約6mもの幟(のぼり)をかつぎ、標高1250mの夫婦岳山頂から別所神社まで温泉街を練り歩く。

下旬の土・日曜
国宝松本城 太鼓まつり
松本城本丸庭園の特別ステージで、天守を背景に和太鼓の演奏を楽しめる。

第1土曜
長野びんずる
「市民総和楽・総参加」を掲げる長野市民の夏祭り。総勢約1万人もの踊り手が参加する。ステージや屋台、みこしなどのイベントが行われ、一帯は昼から歩行者天国で賑わう。

7日
松本ぼんぼん
松本市街の夏の一大祭り。「ぼんぼんまつもとぼんぼん」のかけ声で、2万2000人以上の踊り手と二十数万人の観光客が一体となる ※変更の可能性あり

第4土曜
美ヶ原温泉 秋のおもてなし「道祖神祭り」

ご神体を乗せた神輿が温泉街を練り歩く奇祭。神輿には女性のみが乗ることができ、縁結びや厄除け、子宝祈願のご利益があるとされている。

上旬
信州・松本そば祭り

全国各地のそば処が松本城に大集結。信州の特産品や名産品のブースなども多数出店。

上旬
松代藩 真田十万石まつり
松代藩真田家250年余りの善政を讃える。町内を練り歩く真田十万石行列は必見。

11月23日
長野えびす講 煙火大会

明治32年(1899)に始まった、全国でも珍しい11月の花火大会。長野駅南を流れる犀川の岸から夜空に、花火コンテストや音楽と花火のコラボレーションなど多彩な花火が打ち上がる。

上旬〜25日
軽井沢高原教会 星降る森のクリスマス
軽井沢高原教会前の森にランタンキャンドルが灯り、幻想的な世界が広がる(予約制で開催)。

↑紅葉

- バラ 6月中旬〜9月下旬
- 紅葉 10月〜11月中旬
- リンゴ 9〜1月
- 桃 7〜9月
- 梨 8月中旬〜10月中旬
- 栗 9〜10月
- 夏そば 8月〜9月上旬
- 秋そば(新そば) 10月上旬〜11月

↑秋そば

※開催日程は変動することがありますので、事前にHPなどでご確認ください。

プレミアム滞在 モデルプラン
軽井沢・上田・善光寺・長野・松本 おとなの1日プラン

山々に抱かれた情緒あふれる信州の街で古き良き時代をめぐる極上の時を過ごす。

↑軽井沢の北にそびえる活火山・浅間山。その雄大な姿は、季節や時間、見る場所によってさまざまな表情を見せてくれる

9:00	軽井沢駅
	約15分 駅前レンタサイクル(P56)から自転車で軽井沢本通り、雲場池通り経由、雲場池まで約1.5km
9:15	サイクリング
	約10分 自転車で軽井沢本通り経由、約1.5km
12:00	旧軽井沢
	約5分 徒歩で旧軽井沢銀座通り経由、約0.5km
14:30	日本聖公会 軽井沢ショー記念礼拝堂
	約15分 徒歩で旧軽井沢銀座通り、オーディトリアム通り経由、約1km
16:00	万平ホテル
	約20分 駐輪場に戻り、自転車で本通り経由、約3.2km
17:30	軽井沢駅

軽井沢 避暑地の歴史にふれるサイクリング

美しい自然のなか、華やかな時代を築いた立役者の足跡をたどる。

サイクリングでカラマツの林を抜ける

雲場池 ➡P.56
くもばいけ

御膳水をせき止めてつくられた池は、四季折々の美しい姿を見せてくれる。池の周りには散策路もあり、気軽なピクニックも楽しめる。

◯「スワンレイク」の愛称のとおり、水鳥も多く訪れるのどかな池

御膳水 ➡P.56
ごぜんすい

ホテル鹿島ノ森(P.106)敷地内の湧き水。周囲には心地よい冷気が満ちる。

↑明治天皇がご飲用されたことからその名がついた

矢ヶ崎公園 ➡P.57
やがさきこうえん

大きな池を囲む軽井沢駅近くの公園。浅間山と離山の雄大な姿が望める。

↑ランチをテイクアウトしてピクニックを楽しんでも

新緑の頃はもちろん、紅葉の時期のサイクリングもおすすめ！

軽井沢の別荘史の原点、旧軽井沢へ

旧軽井沢銀座通り ➡ P.38
きゅうかるいざわぎんざどおり

老舗の名店が数多く並ぶ、旧軽井沢のメインストリート。ショッピングや名物グルメを楽しめるほか、歴史的な建造物も建つ。別荘族御用達のベーカリーや専門店などが軒を連ねる

室生犀星記念館 ➡ P.77
むろうさいせいきねんかん

大正から昭和にかけて活躍した文人・室生犀星の旧居を改修した記念館。昭和6年(1931)に建てられたという純和風の建物は落ち着いたたずまいで癒やされる。

➡ 木々や苔が美しく配された庭も必見

プランニングのアドバイス

軽井沢駅前のレンタサイクルショップで自転車を借りてサイクリング。夏の旧軽井沢銀座通りは自転車の通行禁止なので、旧軽ロータリー近くの駐輪場を利用したい。旧軽井沢銀座通りから室生犀星記念館、日本聖公会軽井沢ショー記念礼拝堂、万平ホテルへはそれぞれ徒歩5~15分程度なので、木漏れ日が美しい道を歩いてまわるのもおすすめ。ランチには旧軽井沢銀座で、昔から愛され続ける名物メニュー(P.42)をいただきたい。軽井沢駅周辺は洗練されたフレンチやイタリアンの名店(P.80)も多いので、夜はぜひ贅沢なディナータイムを楽しんでみては。

⬆ ブランジェ浅野屋 軽井沢旧道本店(P.42)の名物ビーフシチュー

⬆ シェ草間(P.81)で信州食材にこだわったフレンチのディナーを

木立の中にたたずむ軽井沢最古の教会

日本聖公会 軽井沢ショー記念礼拝堂 ➡ P.36
にほんせいこうかいかるいざわショーきねんれいはいどう

軽井沢を避暑地として見いだし、第1号となる別荘を建てた宣教師A.C.ショーが創設した軽井沢最古の教会。第1号別荘も復元移築され、記念館になっている。

➡ A.C.ショーが軽井沢初の別荘を築いたのが別荘史の始まりだった

軽井沢とともに歩み続けるクラシックホテル

万平ホテル ➡ P.105
まんぺいホテル

江戸時代からの老舗旅館「亀屋」が明治27年(1894)に外国人客や西洋文化を求める客に応えるために創業した、軽井沢を代表する名門ホテル。ジョン・レノンも宿泊したことで有名。

➡ 和と洋が融合した建物が緑に映える、万平ホテルの本館アルプス館

➡ 優雅なカフェテラスもあり、散策中のひと休みにぴったり

8:50	軽井沢駅
↓ 約30分	中軽井沢駅までしなの鉄道で5分、下車後徒歩20分
9:20	星野エリア
↓ 約1時間	星野エリアから中軽井沢駅まで徒歩20分、中軽井沢駅から町内循環バス東・南廻り線外回りで14分、風越公園下車、徒歩10分
13:45	軽井沢タリアセン
↓ 約20分	軽井沢タリアセンから町内循環バス東・南廻り線外回り(塩沢湖発)で16分
17:45	中軽井沢駅

軽井沢 洗練された癒やしとアートの時間

中軽井沢と南軽井沢の自然に寄り添って営まれる2大複合施設で過ごす休日。

星野エリア でモダンなリゾート体験

➡ ハルニレの木立を生かし、建物を広いウッドデッキでつないだ「小さな街」ハルニレテラス

ハルニレテラス
星野エリアの玄関口にあたり、個性あるショップやレストランが並ぶ。
➡ P.49

➡ 木立に囲まれたスポットでのんびり森林浴を

星野温泉 トンボの湯
ほしのおんせん トンボのゆ
北原白秋や与謝野晶子も湯浴みしたという温泉が楽しめる日帰り入浴施設。
➡ P.51

➡ 美肌の湯としても知られる名湯

軽井沢高原教会
かるいざわこうげんきょうかい
内村鑑三による「星野遊学堂」の文化的な精神を継ぎ、人々が自由に集う教会。
➡ P.50

➡ さまざまなイベントも行われる

文学とアートが香る 軽井沢タリアセン へ

睡鳩荘 ➡ P.64
すいきゅうそう
W.M.ヴォーリズが手がけた歴史的価値の高い別荘建築。緑の森の中、塩沢湖に面してたたずむ姿が非常に印象的。

➡ 軽井沢の別荘建築史のなかでも、最上質なものとされている建物

プランニングのアドバイス

車での移動が便利だが、星野エリアへは軽井沢駅、中軽井沢駅発着の西部観光バスの利用を検討してもよい。ゆとりをもって過ごしたければ、星野エリア内の「星野リゾート 軽井沢ホテルブレストンコート」(P.105)に宿泊し、軽井沢タリアセンは2日目に観光するのもおすすめ。昼食はレストランも充実しているハルニレテラスでいただくのが◎。また、軽井沢タリアセン内にあるグルメスポットでいただいてもよい。

軽井沢高原文庫
かるいざわこうげんぶんこ
明治から平成まで、軽井沢ゆかりの文学者たちの足跡をたどることができる。
➡ P.65

➡ 2階展示室では企画展が行われることも

深沢紅子 野の花美術館 ➡ P.65
ふかざわこうこののはなびじゅつかん
高原の花を水彩で描いた作品を数多く収蔵・展示している。

➡ ペパーミントグリーンの建物が目印

9:00	上田駅
↓	約5分 車利用
9:10	上田城
↓	約30分 車利用
13:00	真田の郷
↓	約1時間 上田駅まで車で30分、上田駅から上田電鉄で28分、別所温泉駅下車
17:10	別所温泉
↓	約10分 徒歩
18:30	別所温泉駅

上田 真田幸村ゆかりの地をたどる

大河ドラマでも大人気の英雄真田幸村を生んだ血脈に迫る。

真田の武勇の象徴・上田城を散策

上田城 ➡P.114
うえだじょう

昌幸が2度にわたり徳川の大軍を退け苦汁を飲ませたことで知られる、上田城の城跡。天守はないが櫓や自然地形を生かした築城技術など見どころが多く、真田の戦いぶりが目に浮かぶようだ。

桜の名所としても有名な上田城。春は城と桜の饗宴が楽しめる

↑2度目の上田合戦に若き日の幸村も参戦したという上田城

↑幸村の父・昌幸が築き徳川を退けた真田の本城へ

真田一族発祥の地 真田の郷 で真田の魂にふれる

真田氏歴史館
さなだしれきしかん

真田の歴史がわかる資料を展示。隣接して真田氏館跡も残されている。 ➡P.122

↑古文書や武具などを観覧できる

真田氏本城跡
さなだしほんじょうあと

上田城に移るまで真田の本城があった場所。郷を見下ろす眺望が見事。 ➡P.122

↑城跡には土塁や郭が残る

長谷寺
ちょうこくじ

幸隆が開山した真田家の菩提寺。境内には幸隆夫妻と昌幸の墓がある。 ➡P.122

↑六文銭が刻まれた常香炉も

別所温泉 で疲れを癒やす

石湯 ➡P.118
いしゆ

別所温泉の歴史ある3つの外湯のひとつ。自然の岩を積み上げた浴槽は風情たっぷり。戦国時代、真田一族が湯治に利用したという。

↑池波正太郎『真田太平記』にたびたび登場することから、「真田幸村公 隠しの湯」と呼ばれている

プランニングのアドバイス

上田市街と真田の郷を合わせて巡る想定なら、車で移動するのがベスト。上田駅まで北陸新幹線でアクセスしてから、駅周辺でレンタカーを手配するのがおすすめ。真田つながりで幸村の兄・信之が治めた松代(P.116)にも足をのばすなら、真田の郷めぐりを早めに切り上げて別所温泉の代わりにプランに組み込むか、別所温泉に宿泊して2日目に向かいたい。1泊2日なら、上田のほかの見どころや別所温泉の古刹なども見学できる。

↑松代城跡の太鼓門(P.116)

上田の柳町通り(P.115)や駅前には名物のそばをはじめ食事処が多くある。昼食はその周辺でいただくのがおすすめ。また、真田氏歴史館に隣接する真田庵(4月から11月末の10:00〜15:00営業、平日休※5月は火・水曜のみ休)でくるみおはぎや地物野菜のランチが食べられるので、ここを利用するのもいい。

善光寺・長野 善光寺参りと日本の絵画に感動

長野で善光寺を参詣したら、小布施に足をのばし北斎の画を鑑賞。

時刻	場所
9:00	長野駅
↓	約15分 長野駅からアルピコ交通バス10/11/16/17系統で8分、善光寺大門下車、徒歩5分
9:15	善光寺
↓	約3分 徒歩
11:20	城山公園
↓	約40分 長野電鉄・善光寺下駅から小布施駅まで27分、小布施駅から北斎館まで徒歩12分
14:30	小布施
↓	約30分 岩松院から小布施駅まで徒歩
17:30	小布施駅

「一生に一度は」とまで謳われた 善光寺 に参詣

善光寺 ➡ P.126
ぜんこうじ

約1400年の歴史を持ち年間約600万人もの参詣者が訪れる、信州を代表する名刹。日本最古といわれる仏像を絶対秘仏の御本尊とする。国宝である本堂の最奥、「お戒壇めぐり」で阿弥陀如来と縁を結びたい。

© 善光寺

→ 日本仏教の宗派が分かれる前に創建された、宗派を超えた寺である善光寺

栗が名産の小布施ではおみやげにぴったりな栗スイーツも豊富

善光寺近くの 公園 を散策

城山公園 ➡ P.134
じょうやまこうえん

善光寺の東隣に広がる市民ゆかりの公園を歩く。春の桜や秋は紅葉など季節ごとの魅力がある。

→ 長野市最古の公園

プランニングのアドバイス

善光寺は多くの人で混雑するので、参詣は午前の早い時間に。東山魁夷館を見学後は、最寄りの善光寺下駅から小布施に向かうか、一旦長野駅に戻って駅ビルMIDORI長野(P.135)などに立ち寄ってみるのもいい。昼食は仲見世通り周辺が店も多く便利。特にそば(P.130)や精進料理(P.131)がおすすめだ。MIDORI長野に立ち寄るなら、レストラン街「おごっそダイニング」でいただくのもよい。

↑ 精進料理は予約を忘れずに

栗と芸術の街、 小布施 に足をのばして

北斎館 ➡ P.136
ほくさいかん

北斎の版画や肉筆画、天井絵を描いた2基の祭屋台などを展示する。

→ 画狂人・葛飾北斎の晩年の作品世界にふれる

髙井鴻山記念館 ➡ P.136
たかいこうざんきねんかん

北斎と親交のあった鴻山の旧居に、北斎も歓談しただろう書斎が残る。

↑ 障子の外には雁田山を望む風景が広がる

岩松院 ➡ P.136
がんしょういん

本堂中央の天井画『八方睨み鳳凰図』は北斎が死の前年に手がけたもの。畳21枚分の壮大さと迫力ある美しさは必見。

→ 小林一茶や福島正則ゆかりの寺でもある

20

松本 松本城の城下町を歩く

雄大な天守に見守られながら城下町風情を満喫する一日。

9:00	松本駅
↓	約20分 徒歩
9:20	松本城
↓	約9分 徒歩
12:00	中町通り・縄手通り
↓	約8分 徒歩
15:30	天神
↓	約11分 徒歩
17:00	松本駅

縄手通りの入口で出会える迫力満点のガマ侍。ぜひ記念写真を!

5重6階の天守が圧巻の国宝・**松本城**

→ 白漆喰と黒漆塗りの美しいコントラストに風格が漂う松本城

松本城 ➡ P.140
まつもとじょう

現存する天守12城のひとつ。美しい景観と眺望、興味深い構造、歴史的価値の高い資料の数々と、見どころにあふれた名城だ。松本最大の人気と知名度の観光スポット。5棟で形成される現存天守群は内部もぜひ見学したい。

女鳥羽川を挟み並行する城下町の2大商店街
中町通り・縄手通りを散策

中町通り ➡ P.148
なかまちどおり

なまこ壁の蔵の街並みに風情があふれる。工芸みやげ店をまわってみたい。

→「工藝マエストロ」の陶磁器や木漆器

縄手通り
なわてどおり

どこか懐かしい雰囲気のなか、ぜひ食べ歩きやカエルスポット探しを。
➡ P.148

→ 食べ歩きの定番。「たい焼きふるさと」

松本城主も崇敬した**天神**へお参り

深志神社 ➡ P.142
ふかしじんじゃ

松本城の前身・深志城を築いた小笠原氏の時代から、城や地域の鎮護神として崇敬された歴史を持つ。学業や合格成就のご利益も。

→ 緑の木々に映える鮮やかな朱塗りの拝殿や神楽殿が美しい。摂社も多く、絵馬殿など見どころが豊富

プランニングのアドバイス

松本城は天守への入場に行列ができるので、混雑を避け午前中に訪れたい。松本城以外の見どころも多いので、松本藩ゆかりの浅間温泉(P.150)や美ヶ原温泉(P.152)に宿泊し1泊2日で観光するのもいい。昼食は大手か中町通りの周辺で、そばの名店(P.147)やレトロなダイニング(P.144)に寄るのがおすすめ。

↑そばは「こばやし本店」(P.147)など老舗の名店も多い

KARUIZAWA & MATSUMOTO NEWS & TOPICS

ニュース＆トピックス

それぞれの土地の魅力を発信する新しいホテルから、旬のグルメスポットまで一挙ご紹介。
軽井沢をはじめとする信州の街を旅する前に押さえておきたい最新の情報をお届けし！

人気レストランの2号店
ホセ・ルイス軽井沢 がオープン！

渋谷に国内1号店を構える「ホセ・ルイス」の2号店が、ホテル「TWIN-LINE HOTEL KARUIZAWA JAPAN」内にオープン。本店はマドリードにあり、スペイン王室御用達のレストランとして名高い。アラカルトでも楽しめるが、コースがおすすめ。

ホセ・ルイス軽井沢
ホセ・ルイスかるいざわ
軽井沢駅周辺 MAP 付録P.8 B-3
☎0267-41-6828 所軽井沢町軽井沢1151-11 TWIN-LINE HOTEL KARUIZAWA JAPAN内 営11:30～14:00(LO) 17:00～20:30(LO) 休無休 交JR軽井沢駅から徒歩7分 P51台(うち第2駐車場26台・宿泊者無料)

シックで落ち着いた店内。宿泊しなくても気軽に利用できる

トリュフたっぷりのスフレトルティージャ。アラカルトS1980円～

軽井沢限定ふわとろ卵のホセ・ライスはアラカルト3080円～

2020年7月オープン

広々としたベッドとやさしい灯りに癒やされるデラックスツイン

2020年7月オープン

新感覚のライフスタイルホテル
TWIN-LINE HOTEL KARUIZAWA JAPAN
が誕生！

「新しい場所、新しいアイデア、新しい人々に出会う」をコンセプトに掲げたホテル。スタイリッシュなラウンジやレストランで過ごしたあとは、温かみのある客室でゆったりとくつろぎたい。

TWIN-LINE HOTEL KARUIZAWA JAPAN
トゥイン ライン ホテル カルイザワ ジャパン
軽井沢駅周辺 MAP 付録P.8 B-3
☎0267-42-2121 所軽井沢町軽井沢1151-11 交JR軽井沢駅から徒歩7分 P51台(うち第2駐車場26台・宿泊者無料) in15:00 out11:00 客51室 予1泊朝食付2万6400円～

ゆったりと会話を楽しめるバーやラウンジも併設

旧軽井沢の人気ショッピングモールに
HOTEL KARUIZAWA CROSS が登場！

旧軽井沢銀座の商業施設「チャーチストリート軽井沢」内にホテルが誕生。開放的なテラスでBBQをしたり、ナイトシアターを鑑賞したりと、多彩なステイを楽しみたい。

HOTEL KARUIZAWA CROSS
ホテル カルイザワ クロス
旧軽井沢 MAP 付録P.6 C-2
☎0267-41-6108 所軽井沢町軽井沢601-1 チャーチストリート軽井沢2F 交JR軽井沢駅から町内循環バス東・南廻り線内回りで4分、旧軽井沢下車、徒歩3分 Pチャーチストリート軽井沢駐車場利用 in15:00 out11:00 客24室 予1泊朝食付1万7460円～

旧軽井沢銀座通りを見下ろしながらのBBQも楽しめる

聖パウロカトリック教会を目の前に望むデラックスルーム

2020年8月オープン

壁一面ガラス張りで周囲の自然が間近に感じられる店内

2020年12月オープン

杵でついて粉にする「胴搗(どうつき)製法」で製粉した自慢のそば

南軽井沢のリゾートホテルに お食事処 実乃里 がオープン!

自然豊かな南軽井沢に建つ「ルグラン軽井沢ホテル&リゾート」に、新たなレストランがオープン。浅間山を望む開放的な空間で、こだわりのそばや創作料理、地酒を堪能しよう。

お食事処 実乃里
おしょくじどころ みのり

南軽井沢 MAP 付録P.4 B-4
☎0267-48-0099 ⌂軽井沢町発地864-4ルグラン軽井沢ホテル&リゾート内 ⊙11:00〜20:30(LO、14:00〜17:00閉店) 土・日曜、祝日11:00〜21:30(LO) 休火曜 ⊖JR軽井沢駅から車で15分 ℗51台

トリュフの香り高いパンが人気! Truffle BAKERY 軽井沢店 が登場

都内の人気ベーカリーが長野に初出店。一番人気の「白トリュフの塩パン」のほか、「黒トリュフのたまごサンド」など、いつもの食卓を華やかに彩る個性豊かなパンが目白押し。

Truffle BAKERY 軽井沢店
トリュフ ベーカリー かるいざわてん

軽井沢駅周辺 MAP 付録P.5 D-4
☎0267-31-5346 ⌂軽井沢町軽井沢東道1210-31 ⊙9:00〜19:00(季節により変動あり) 休無休 ⊖JR軽井沢駅から徒歩13分 ℗7台

軽井沢駅からも歩けるアクセスの良い場所にオープン

自家製トリュフバターを贅沢に使用した「白トリュフの塩パン」194円

高級食材を使用したバラエティ豊かなパンがズラリと並ぶ

2020年5月オープン

旅と読書を楽しむリノベーション施設 松本十帖 が誕生!

浅間温泉の一角に複合施設「松本十帖」が開業。貞享3年(1686)創業の老舗旅館を改装した2つのホテル「小柳」と「松本本箱」を中核とし、カフェやレストラン、ブックストアなどが集まる。

松本十帖
まつもとじゅうじょう

松本 MAP 付録P.18 B-3
☎0570-001-810(12:00〜17:00) ⌂松本市浅間温泉 ⊖JR松本駅からアルピコ交通バス浅間線で32分、浅間温泉下車、徒歩3分 ℗28台 in15:00 out11:00 ⌂38室 予約1泊朝食付1万3200円〜、1泊2食付2万4200円〜

2021年5月グランドオープン予定

以前の大浴場を利用したユニークなブックストア「オトナ本箱」

エッジの利いた客室が話題。松本本箱の最上階 露天風呂付きグランドスイート

歴史ある建物を遊び心あふれるモダンなホテルに改装

23

春
新緑が祝福する高原を歩く

特集 ● 移ろう季節のなかへ

折々に変わる、高原リゾートの四季の顔

移ろう季節のなかへ

自然と寄り添うリゾートとして歴史を歩んできた軽井沢。
避暑地にふさわしい爽快な夏はもとより、花々や新緑が彩る春、
紅葉に染まる秋、幻想的な灯りが紡く冬と、
四季折々の美しい姿を見せる。

鮮やかな新緑の森に鳥たちのさえずりが響く

軽井沢野鳥の森
かるいざわやちょうのもり
中軽井沢 MAP 付録P.9 F-2

約100haにおよぶ広大な森に、多種多様な植物や、野鳥などの野生生物が生息する。「ピッキオ」(P.51)では森の自然に親しむネイチャーツアーも開催。

☎ 0267-45-7777(ピッキオ) 軽井沢町星野 JR軽井沢駅から車で15分
P 軽井沢星野エリア駐車場利用

24

豊かな自然が残る森。年間で約80種類もの野鳥が観察できる

木立にたたずむ軽井沢最古の教会

軽井沢におけるキリスト教文化の原点ともいえる教会

日本聖公会 軽井沢ショー 記念礼拝堂 ➡ P.36

にほんせいこうかいかるいざわショーきねんれいはいどう

旧軽井沢 MAP 付録 P.5 F-2

5〜6月を迎えると教会は周囲の鮮やかな新緑に包まれる。

軽井沢タリアセン ➡ P.64

かるいざわタリアセン

南軽井沢 MAP 付録 P.10 B-3

塩沢湖を中心に、別荘建築や美術館などが集まる。周囲には豊かな森が広がり、四季折々の景色が楽しめる。

ヨーロッパの避暑地にいるような気分になれる優雅なスポット

湖面に映し出される緑の木々と瀟洒な館

春

夏
水辺に涼をもとめて

軽井沢有数の景勝地　目と耳で涼を感じる

横長に広がる岩肌から無数の滝が落ちていくさまは圧巻

白糸の滝 ➡P.58
しらいとのたき

北軽井沢 MAP 付録P.4 B-1

岩肌をつたう幅70mの水のカーテンは優雅で涼しげ。夏・冬期間限定のライトアップも楽しめる。

竜返しの滝　りゅうがえしのたき

北軽井沢 MAP 付録P.4 B-2

龍伝説の残る滝は太く真っ白で力強い。周囲の緑が滝の迫力をいっそう際立たせている。

☎0267-45-6050（くつかけテラス内観光案内所）
所 軽井沢町長倉
交 JR軽井沢駅から草軽交通バス・草津温泉行きで16分、小瀬温泉下車、徒歩15分
P あり

緑の木々と白く輝く滝のコントラストが素晴らしい

龍の伝説が生まれた豪快に流れ落ちる滝

千ヶ滝
せんがたき

中軽井沢 MAP 付録P.4 A-2

ハイキングコースを1時間ほど歩くと、落差20mの滝が現れる。途中の渓谷の自然も魅力。

☎0267-45-6050（くつかけテラス内観光案内所）
所 軽井沢町長倉千ヶ滝
交 JR軽井沢駅から西武観光バス・草津温泉行きで20分、千ヶ滝温泉入口下車、徒歩15分の千ヶ滝せせらぎの道を徒歩25分
P あり

深い森の中に現れる高さ20m、幅2mの小さな滝

静寂に包まれた渓谷で幾重にも落ちる風情

特集●移ろう季節のなかへ

26

紅葉を楽しみながら周囲の散策路をピクニック気分で歩こう

賑やかな紅葉に包まれた池畔の遊歩道を散策する

雲場池 ➡P.56
くもばいけ
軽井沢駅周辺 MAP 付録P.8 A-2
水鳥たちが戯れるのどかな池をモミジが彩る。水面を染める鮮やかな光景が広がる。

夏／秋

標高約1200mから雄大な山々の景色が望める

群馬との県境にある景勝スポットの紅葉

見晴台 ➡P.45
みはらしだい
旧碓氷峠 MAP 付録P.4 C-2
浅間山や南アルプス、妙義山などの山の眺望と紅葉を楽しめる。ハイキングあるいはドライブで訪れたい。

秋
避暑地を染める紅葉の輝き

万平ホテル ➡P.105
まんぺいホテル
旧軽井沢 MAP 付録P.5 F-2
明治27年(1894)開業の老舗ホテル。風格を感じる優雅な館に色とりどりの紅葉が映える。

歴史を刻む白壁に紅葉が華を添える

カフェテラスでくつろぎながら紅葉を楽しむのもおすすめ

27

特集 ● 移ろう季節のなかへ

冬
美しい雪景色と光の饗宴

溶岩と浅間山が描きだす絶景。自然の雄大さを実感する

浅間山
あさまやま

軽井沢のシンボルが白銀の輝きを見せる

北軽井沢 MAP 本書P.3 D-2
雪化粧をした浅間山はひときわ優美。鬼押出し園（P.59）からの眺めは特に迫力満点だ。

軽井沢・プリンスショッピングプラザ
かるいざわ・プリンスショッピングプラザ
➡ P.60

軽井沢駅周辺 MAP 付録P.8 B-4
11～2月にはウインターイルミネーションを実施。ロマンティックな冬の世界が広がる。

クリスマスに訪れたい星空と光のコラボが魅力

芝生のひろばを中心に、約10万球のライトが敷地内を彩る

軽井沢高原教会
かるいざわこうげんきょうかい
➡ P.50

中軽井沢 MAP 付録P.9 E-3
12月上旬からクリスマスまで、教会を無数のランタンが灯すイベントを開催（要予約）。

クリスマスの聖なる夜を歴史ある教会で過ごす

教会に向かって光の道が続く幻想的な風景に出会える

旅のきほん

エリアと観光のポイント
軽井沢はこんなところです

西洋人宣教師に避暑地として見いだされた異国情緒漂う街。教会や別荘が立ち並ぶ旧軽井沢のほか、中軽井沢や南軽井沢も近年人気が高まっている。

避暑地の歴史が始まった舞台
旧軽井沢
きゅうかるいざわ
➡ P.32

グルメやショッピングが楽しめる旧軽井沢銀座通りを中心に、名門ホテルや教会など軽井沢の歴史を象徴するスポットが点在する。

観光のポイント 旧軽井沢銀座通り P.38　万平ホテル P.105

森と水のリゾートに癒やしが充実
中軽井沢
なかかるいざわ
➡ P.46

星野温泉がルーツの「星野エリア」は、自然を身近に感じながらくつろぐのに最適。滞在型ステイにおすすめの宿泊施設にも注目。

観光のポイント ハルニレテラス P.49　星のや軽井沢 P.104

緑の大地で美とふれる
南軽井沢
みなみかるいざわ
➡ P.62

自然のなかに個性的な美術館が点在し、アートスポットが多くあるエリア。四季折々の花々が楽しめるガーデンや植物園も訪れたい。

観光のポイント 軽井沢タリアセン P.64

高原リゾートの玄関口
軽井沢駅周辺
かるいざわえきしゅうへん
→ P.54

軽井沢の玄関口である駅の北側は、緑に囲まれた池や公園をサイクリングで巡りたい。南側には巨大アウトレットもある。

観光の ポイント　雲場池 P.56　軽井沢・プリンスショッピングプラザ P.60

交通 information

軽井沢の移動手段

北陸新幹線が乗り入れている軽井沢駅から、各エリアを巡る町内循環バス（東・南廻り線）が運行。旧軽井沢へ向かう草軽交通や西武観光バスの路線バスも発着。南軽井沢の塩沢湖行きの急行バスも運行する。

周辺エリアとのアクセス

鉄道

周辺の街
信濃追分
しなのおいわけ
→ P.108

軽井沢の西、中山道と北国街道の分岐点として江戸時代に賑わった歴史を持つ宿場町。軽井沢とゆかりのある堀辰雄も滞在した。

小諸
こもろ
→ P.110

信濃追分のさらに西、仙石秀久が完成させた小諸城の城址が残る城下町。浅間山と千曲川に挟まれた美しい風景は文化人に愛された。

車

問い合わせ先

観光案内
軽井沢観光会館　☎0267-42-5538
軽井沢駅内観光案内所　☎0267-42-2491
くつかけテラス内観光案内所
　　　　　　　　　☎0267-45-6050
こもろ観光局　　　☎0267-22-1234
交通
草軽交通バス 軽井沢営業所
　　　　　　　　　☎0267-42-2441
西武観光バス 軽井沢営業所
　　　　　　　　　☎0267-45-5045
しなの鉄道　　　　☎0268-21-4700

軽井沢はこんなところです

31

WALKING & SIGHTSEEING
歩く・観る

西洋の風が吹き抜けた避暑地誕生の舞台
旧軽井沢
きゅうかるいざわ

宿場町から西洋人に人気の避暑地へと変貌。
リゾート・軽井沢の中心エリアには、
昔のおしゃれでハイカラな空気が今も漂う。

軽井沢●歩く・観る

↑ 新緑に白壁が映える万平ホテル。明和元年(1764)の開業以来、多くの文化人に愛されてきた

街歩きのポイント
- 木々に包まれた緑の散歩道を歩く
- 宣教師たちが築いた教会めぐり
- 旧軽井沢銀座通りで買い物&食べ歩き

軽井沢初の別荘地が生まれた場所
散策や買い物でリゾート気分を堪能

軽井沢のメインストリート、旧軽井沢銀座通りを中心とした観光の拠点。江戸時代に中山道の宿場町として栄え、明治時代には外国人宣教師らによって、避暑地に生まれ変わった。かつて、西洋人が往来した旧軽井沢銀座通りには、約200軒のショップや飲食店が並び、夏には観光客が通りを埋め尽くす。賑やかな通りを一歩外れれば、静かな森の中に瀟洒な別荘地が広がる。クラシックな教会やホテルが点在する、苔むした緑の小径を散策し、高原リゾートの優雅な魅力を満喫したい。

アクセス方法

塩沢湖(一部の便のみ停車)
↓ バス 町内循環バス東・南廻り線内回りで30分
↓ バス 町内循環バス東・南廻り線外回りで17分
中軽井沢駅
↓ 電車 しなの鉄道しなの鉄道線で4分
↓ バス 町内循環バス東・南廻り線外回りで12分
軽井沢駅
↓ バス 町内循環バス東・南廻り線内回りで4分/草軽交通シャトルバスで7分
旧軽井沢

32

避暑地・軽井沢の原点
日本聖公会 軽井沢ショー記念礼拝堂
にほんせいこうかい かるいざわショーきねんれいはいどう

旧軽銀座通りを抜けた木立の中にたたずむ、簡素な木造礼拝堂。明治28年（1895）に原型が建立された、軽井沢初の教会。

➡ P.36

軽井沢屈指の名門ホテル
万平ホテル
まんぺいホテル

軽井沢のリゾート地としての評価確立に大きく貢献し、今も営業を続ける老舗ホテル。

➡ P.105

Street
三笠通り
みかさどおり

旧軽ロータリーから旧三笠ホテル方面に続く、美しいカラマツの並木道

➡ P.34

Street
旧軽井沢銀座通り
きゅうかるいざわぎんざどおり

旧軽井沢エリアの中心を通り、ショップや飲食店が立ち並ぶ賑やかな商店街

➡ P.38

旧軽井沢

33

別荘地を縫うように延びる木々に包まれた小径を歩く

木洩れ日が揺れる緑陰の散歩道

賑わう通りから一本裏道に入ってみると、
そこには避暑客らに親しまれた散歩道が続いている。
清涼な空気を吸い、緑の木々を眺めながら散策を楽しみたい

軽井沢●歩く・観る

三笠通り
みかさどおり

MAP 付録P.6A-1

美しい緑が茂るカラマツ並木

旧軽ロータリーから旧三笠ホテル（2024
年3月まで休館）へ続く主要道。太いカラ
マツ並木が美しく、新・日本街路樹百景
にも選定。特に春の芽吹きと秋の黄葉が
素晴らしく、軽井沢を代表する景色だ。

犀星の径
さいせいのみち
MAP 付録P.7 E-2

文人たちが歩いた趣のある小径
室生犀星の旧居を改修した室生犀星記念館(P.77)へと続く細い道。堀辰雄や立原道造なども訪れていたという。軽井沢を愛した文人たちに思いを馳せつつ歩きたい。

オーディトリアム通り
オーディトリアムどおり
MAP 付録P.7 E-3

「講堂」の愛称で親しまれた
旧軽銀座の裏手、軽井沢ユニオンチャーチ(P.37)とテニスコートの間を抜け、万平通りと交差する。ユニオンチャーチの大講堂にちなみオーディトリアム(講堂)と名付けられた。

万平通り
まんぺいどおり
MAP 付録P.8 C-1

由緒あるホテルへと続く道
軽井沢本通りから万平ホテル(P.105)まで、緑の別荘地の中を延びる道。木立の中に見え隠れする別荘を眺めながら、散策が楽しめる。

木洩れ日が揺れる緑陰の散歩道

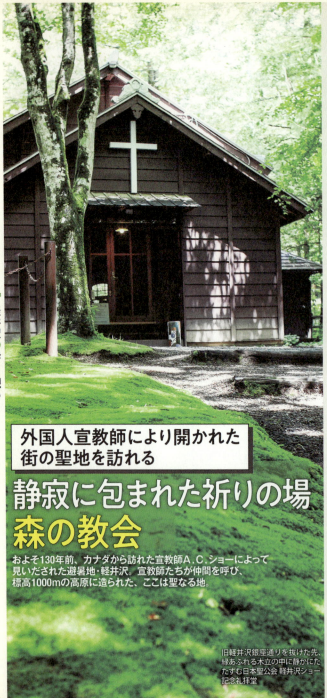

軽井沢 ●歩く・観る

**外国人宣教師により開かれた
街の聖地を訪れる**

静寂に包まれた祈りの場
森の教会

およそ130年前、カナダから訪れた宣教師A.C.ショーによって見いだされた避暑地・軽井沢。宣教師たちが仲間を呼び、標高1000mの高原に造られた、ここは聖なる地。

旧軽井沢銀座通りを抜けた先、緑あふれる木立の中に静かにたたずむ日本聖公会 軽井沢ショー記念礼拝堂

日本聖公会
軽井沢ショー記念礼拝堂
にほんせいこうかい かるいざわショーきねんれいはいどう

MAP 付録P.5 F-2

**軽井沢の歴史を象徴する
素朴な礼拝堂**

避暑地・軽井沢の基礎を築いた宣教師A.C.ショーが、布教活動を行った軽井沢最古の教会。旧軽井沢銀座通りの商店街を抜けた木立の中にたたずみ、軽井沢を訪れる人々の心休まる場となっている。

☎0267-42-4740　所軽井沢町軽井沢57-1
時9:00～17:00(冬季は～16:00)　休不定休
料無料　交JR軽井沢駅から町内循環バス東・南廻り線内回りで4分、旧軽井沢下車、徒歩10分　Pなし

↑明治28年(1895)の建立ののち、大正11年(1922)まで増改築を繰り返してほぼ現在の姿に

【注目ポイント】

**軽井沢の恩人と呼ばれる宣教師
アレキサンダー・クロフト・ショー**

カナダ出身の宣教師。明治19年(1886)、初めて軽井沢を訪れた際、故郷のトロントに似た風光に魅せられ、同21年(1888)に別荘を建てる。仲間に軽井沢を避暑地としてすすめたことから、外国人の別荘が増え、軽井沢の発展のきっかけとなった。

↑敷地入口にはショーの胸像が立ち、ショー氏記念碑やショーハウス記念館もある

ショーハウス記念館
ショーハウスきねんかん

MAP 付録P.5 F-2

ショーによる軽井沢の別荘第1号を復元し、記念館として公開。当時の写真などを展示する。

軽井沢ユニオンチャーチ
かるいざわユニオンチャーチ
MAP 付録P.7 E-3

ヴォーリズが手がけた建築が今に伝える祈りの時

祭壇がドーム型になっている珍しい教会。もとは鉄道技師のクラブハウスだった建物を、W.M.ヴォーリズが改修。明治39年(1906)の設立以来、宗派を超えた教会として人々に愛されている。

☎なし 〒軽井沢町軽井沢1001 ⏰9:00～17:00 休不定休 料無料 交JR軽井沢駅から町内循環バス東・南廻り線内回りで4分、旧軽井沢下車、徒歩5分 Pなし

↑設立当初は外国人のために造られたもので、日本人の利用はなかった

↑現在は日本基督教団に所属するプロテスタント教会となっている

↑毎週日曜日に行われる礼拝には、誰でも自由に参加できる

↑夏には開堂され、現在も多くの外国人らが集まる

注目ポイント
日本に帰化し生涯を過ごしたウィリアム・メレル・ヴォーリズ
建築家を志していた青年時代に、外国伝道のため来日。多くの西洋建築を手がけながら教育活動や文化事業を行った。日本に帰化し一柳米来留(ひとつやなぎめれる)と改名した。

日本基督教団軽井沢教会
にほんきりすときょうだんかるいざわきょうかい
MAP 付録P.6 C-3

110年以上の歴史を持つ軽井沢で最も古い日本人教会

旧軽井沢銀座通り沿いに建つ、歴史のある教会。明治38年(1905)に建てられた教会を、W.M.ヴォーリズが改装し現在の姿に。併設の軽井沢幼稚園も同氏の設計による。

☎0267-42-1008 〒軽井沢町軽井沢786-1 ⏰9:00～18:00 休不定休(要問い合わせ) 料無料 交JR軽井沢駅から町内循環バス東・南廻り線内回りで4分、旧軽井沢下車、徒歩2分 Pなし

軽井沢聖パウロカトリック教会
かるいざわせいパウロカトリックきょうかい
MAP 付録P.6 B-1

アントニン・レーモンド設計近代木造建築の珠玉

昭和10年(1935)に英国人ワード神父が設立。アントニン・レーモンドが設計し、特徴的な板葺き三角屋根が欧州の田舎の教会を思わせる。

☎0267-42-2429 〒軽井沢町軽井沢179 ⏰9:00～17:00(冬季は～日没)※礼拝堂使用中は入堂不可 休無料 料無料 交JR軽井沢駅から町内循環バス東・南廻り線内回りで4分、旧軽井沢下車、徒歩6分 Pなし

↑堀辰雄の『木の十字架』にも登場する教会

↑大きな尖塔と傾斜の強い三角屋根、そして屋根にはめ込まれたマリア像と頂に立つ十字架が目を引く

注目ポイント
モダニズムの建築家 アントニン・レーモンド
チェコ出身の建築家で、帝国ホテル建設の際に来日。その後も日本にとどまって日本の建築史に多くの影響と功績を残した。ペイネ美術館(P.64)も彼が設計した「夏の家」と呼ばれた別荘を移築したもの。

静寂に包まれた祈りの場 森の教会

37

特徴的な三角屋根に注目
軽井沢聖パウロカトリック教会 ➡ P.37
かるいざわせいパウロカトリックきょうかい

昭和10年（1935）、英国人ワード神父が設立。板葺き三角屋根が特徴で、欧州の田舎の教会を思わせる。

🅿 旧三笠ホテル
（2024年3月まで休館）

避暑客で賑わうメインストリートで西洋文化に育まれた逸品を探す

旧軽井沢銀座通り
きゅうかるいざわぎんざどおり

軽井沢●歩く・観る

おみやげを探す避暑客の賑わいにあふれる商店街に、しゃれた専門店や老舗グルメスポットが軒を連ねる。リゾートとして歩んだ街の歴史にふれるのも楽しい。

歴史と伝統に培われた新旧が交差するストリート

　江戸時代は中山道の宿場町として、明治以降は避暑地の顔として西洋の文化を取り入れ、繁栄した軽井沢のメインストリート。約500mの通りには、老舗のパン屋やジャム、ソーセージの専門店などが軒を連ね、いち早く西洋化を果たした街の歴史がうかがえる。人の熱気にあふれる通りから少し離れると、歴史ある教会や手つかずの自然が現れる。

↑木造のレトロな外観で旧軽井沢銀座通りのシンボル的存在として愛される、軽井沢観光会館

ここでも紹介　別荘族御用達みやげ ▶ P.38

↓入口にあたる旧軽ロータリーからゆるやかな上り坂になっている商店街

創業400年の歴史を誇る
つるや旅館 ➡ P.107
つるやりょかん

今もなお旅籠の風情を残す、軽井沢きっての老舗旅館。昭和初期の家具や調度品に、囲まれ、静かな時が流れる。

旧軽銀座のニューシンボル
チャーチストリート軽井沢
チャーチストリートかるいざわ

MAP 付録P.6 C-2

旧軽井沢銀座通りにあるおしゃれなショッピングモール。自由に買い物を楽しみながら、軽井沢ならではの優雅な時間が過ごせる。

旧軽井沢銀座通り

偉大な文人が過ごした別荘
室生犀星記念館 ➡ P.77
むろうさいせいきねんかん

大正期から昭和中期にかけて活躍した、日本文学を代表する詩人・小説家。昭和6年(1931)築の旧居を改修、犀星は亡くなる前年の同36年(1961)まで毎夏をここで過ごした。

国籍も宗派も問わず誰もが集える教会
軽井沢ユニオンチャーチ ➡ P.37
かるいざわユニオンチャーチ

明治30年(1897)に軽井沢合同基督教会として活動を始め、明治39年(1906)にW.M.ヴォーリズが改修した建物を利用して設立された。

趣向を凝らした絶品フレンチトーストを堪能

避暑地の新定番 軽井沢トースト

軽井沢トーストとは軽井沢で提供されるフレンチトーストのことで、店ごとにトッピングが異なり食べ比べも楽しい。多くのグルメスポットが集まる激戦区・旧軽井沢で定評のある人気店はこちら。

国の登録有形文化財で軽井沢の別荘気分を味わう

旧軽井沢cafe 涼の音
きゅうかるいざわカフェ すずのね

MAP 付録P.7 E-2

広いテラスのある森の中のカフェ。著名人との縁も深い旧家の別荘だった建物は国の登録有形文化財に指定されている。落ち着いた空間がリピーターに人気だ。

☎ 0267-31-6889
🏠 軽井沢町旧軽井沢972 ハウス1138
🕘 9:00～17:00 🚫 水曜、冬季休業あり
🚃 JR軽井沢駅から町内循環バス東・南廻り線内回りで4分、旧軽井沢下車、徒歩10分 🅿 なし

予約 可
予算 L 1000円～

フレンチトースト 1100円
色とりどりのフルーツが美しい目にも鮮やかな人気メニュー。数量限定のため早めに来店したい

⬆ 大正末期の軽井沢のバンガローで当時の間取りや雰囲気が残る

⬆ 家具や調度品も往時のものを使用

厳選素材を使ったスイーツとこだわりのランチを楽しむ

Cafe Restaurant Paomu
カフェレストラン パオム

MAP 付録P.6 C-3

旧軽銀座を見下ろすテラス席のある老舗洋食店。おみやげでも人気の軽井沢プリンもいただける。モーニング、ランチ、ティータイムと時間によって使い分けられて便利。ランチメニューも充実。

☎ 0267-42-8161
🏠 軽井沢町軽井沢806-1 🕘 9:00～17:00(季節により変動あり) 🚫 木曜(冬季休業あり) 🚃 JR軽井沢駅から町内循環バス東・南廻り線内回りで4分、旧軽井沢下車すぐ 🅿 なし

予約 可
予算 L 1500円～

⬆ 明るくくつろげる雰囲気の店内。テラス席で通りを眺め食事するのもいい

⬆ 旧軽銀座に入ってすぐ、みやげ店の2階にある。スイーツ売店は1階

復刻パオム特製旧三笠ホテルチキンカレー 1296円

軽井沢アイスプリン・フレンチトーストセット 1296円
コクのある軽井沢プリンを1個のせたフレンチトースト。フルーツとドリンク付き

軽井沢●歩く・観る

軽井沢に出店の名店で
淹れたての一杯をいただく

茜屋珈琲店 旧道店
あかねやこーひーてんきゅうどうてん

MAP 付録P.7 E-1

昭和40年(1965)に神戸で開店した店が同45年(1970)に軽井沢に出店。古い松材を用いたオーダーメイドの店づくり、見事な器の数々と絵画など、そのすべてが一杯のコーヒーのための演出なのだ。

☎0267-42-4367
所 軽井沢町軽井沢666　営9:00～18:00(夏季は～20:00)　休無休　交JR軽井沢駅から町内循環バス東・南廻り線内回りで4分、旧軽井沢下車、徒歩10分　Pなし

1. レトロな雰囲気の心地よいインテリア。カウンターで所作を眺めるのもよい
2. 木材のみで仕上げられた店舗外観から和のテイストが漂う
3. 飲み物とケーキのセット1400円が人気
4. 新鮮な豆をたっぷりと使ったコーヒー。ストレート珈琲995円がおすすめ

ノスタルジックな店内を満たす、コーヒーの香りに誘われて

昭和が息づくレトロ喫茶で憩う

賑わう旧軽井沢銀座通りで長年避暑客を迎えてきた老舗の喫茶店。街の歴史が刻まれた店内で極上のコーヒータイムを楽しみたい。

軽井沢のカフェ文化を築いた
昔懐かしい空間でくつろぐ

ミカド珈琲 軽井沢旧道店
ミカドこーひーかるいざわきゅうどうてん

MAP 付録P.6 C-3

軽井沢名物のモカソフトをはじめ、手作りケーキとコーヒーが味わえる。自社焙煎コーヒー豆も販売しており、オリジナルのハウスブレンド「旧軽通り」がおすすめ。

☎0267-42-2453
所 軽井沢町軽井沢786-2　営11:00～16:00　休不定休　交JR軽井沢駅から町内循環バス東・南廻り線内回りで4分、旧軽井沢下車、徒歩5分　Pなし

1. 2階のカフェスペースには、旧軽の通りを眺められる開放的なテラス席を用意
2. 1階ではテイクアウトも
3. 「旧軽通り」はバランスのとれた味が特徴
4. コーヒーの味わいを生かした旧軽モカロールケーキが人気。ケーキセット1000円

レトロな和の甘味処も

天然氷のおいしさを
楽しめるかき氷

ちもと総本店
ちもとそうほんてん

天然氷を使ったふんわりボリューミーな17種類のかき氷が人気。手作りのあんみつや餅、団子、麺類も提供。

MAP 付録P.7 E-1

☎0267-42-2860　所軽井沢町軽井沢691-4
営10:00～18:00　休12～2月　交JR軽井沢駅から町内循環バス東・南廻り線内回りで4分、旧軽井沢下車、徒歩7分　Pなし

落ち着きある和の空間でのんびり

ほろ苦い抹茶と小豆が絶妙の宇治金時750円

醤油が香ばしいあつあつの焼き団子。2本320円

軽井沢トースト／レトロ喫茶で憩う

41

ブランジェ浅野屋
軽井沢旧道本店
ブランジェあさのやかるいざわきゅうどうほんてん

MAP 付録P.7 D-2

老舗ベーカリーのイートインで
人気のビーフシチューを

東京と軽井沢を拠点に展開するブランジェ浅野屋。軽井沢旧道本店で利用できるイートインスペースでは、パンのほかに名物料理のビーフシチューを味わえる。

☎ 0267-42-2149
所 軽井沢町軽井沢738　営 8:00～18:00 1～3月9:00～17:00 夏季7:00～21:00
休 無休　交 JR軽井沢駅から町内循環バス東・南廻り線内回りで4分、旧軽井沢下車、徒歩5分　P なし
予約 不可
予算 L D 1650円～

ビーフシチュー 1650円
やわらかく煮込まれた牛肉と大きな野菜がいっぱいのシチュー。パンとの相性も抜群

↑東京と軽井沢を拠点にベーカリーを展開する(P.94)

↑石窯「オルノヒラトリオ」がせり出している店内

古くから別荘族に愛され続ける、老舗の絶品ランチに舌鼓

洋と和のなつかしい美味

西洋人に別荘地として見いだされた歴史が生んだ洋食と、古くから日本人に愛される和の逸品。旧軽井沢で長く親しまれる歴史の味を、昼食どきにいただきたい。

わかどり

MAP 付録P.8 B-1

特製窯で焼き上げる香ばしく
ジューシーな絶品焼鳥

老舗の鶏料理店。名物は手でむしって食べたことが名前の由来の「むしり」。先代が考案した、特製窯で蒸し焼きした風味豊かな焼鳥を求め足繁く通うファンも多い。

☎ 0267-42-4520
所 軽井沢町軽井沢3-4　営 12:00～14:00 17:00～20:00　休 火曜、1～3月月・木・金曜ランチ、火・水曜　交 JR軽井沢駅から町内循環バス東・南廻り線内回りで3分、中部電力前下車、徒歩1分　P あり

焼鳥椀 1300円
注ぎ足しで作られる秘伝の醤油ダレと香ばしくジューシーな焼鳥がご飯と好相性の逸品

予約 不可
予算 L 1000円～ D 3000円～

むしり 990円
蒸し焼きするためパリパリの皮と旨みが凝縮された肉が特徴。特製にんにくダレをつけて

↑店内はアットホームな雰囲気(左)。昭和35年(1960)創業で、各界の著名人も多く訪れる(右)

別荘族の需要が生んだ、軽井沢ならではの工芸品をおみやげに
避暑地の洗練をお持ち帰り

別荘地を訪れる西洋人の需要から生まれた軽井沢彫などの工芸品。確かな技術に裏打ちされた上質な雑貨を探したい。

A ドライフラワー 4400円
軽井沢の花屋「フィオレ・アズール」のドライフラワー。グリーンベースのナチュラルな色合いに癒やされる

B 箸置き(上) 3520円
会石盆 角(左上) 1万7600円
箸(左) 4400円
落ち着いた深みのある伝統的な色調のほか、淡くやさしい風合いに彩色した小物も人気がある

A 「草木屋」のストール 6600円～
昭和6年(1931)創業の老舗「草木屋」のストール。桜や藍など植物由来の染料を用いた草木染めのストールは、豊かな風合いが魅力

B 豆鏡 5500円
携帯に便利な手鏡。軽井沢彫の特徴的な「星打ち」で点模様を施し、桜の花を際立たせている

A 雲模様の平皿 各3080円
長野県在住の陶芸家、坪内真弓氏によるかわいらしい平皿

B 銘々皿 角・小・桜 7150円
スプーン 小・桜 3850円
ソーサーとしても使える銘々皿。可憐な桜の花びらが彫刻されたスプーンとセットで揃えたい

C 手鏡(中)全面彫 1万4300円
全面に桜の彫刻をあしらった手鏡。手鏡にはバリエーションが多いので好みのものを選ぶのも楽しい

C 写真立て(L版) 桜カット 8140円
軽井沢彫の代表的な彫刻柄である桜の写真立てを、旅の思い出に

C くりぬき一輪ざし 枝桜 5390円
桜の彫刻をワンポイントにあしらった一輪ざし。中にはガラスの管が入っており、手入れもしやすい

なつかしい美味 避暑地の洗練をお持ち帰り

A ナチュラルな暮らしを彩るハンドメイド雑貨が揃う
Qcul Atelier
キューカル アトリエ
MAP 付録P.6 C-2

県内在住のアーティストを中心に、作家のハンドメイド雑貨を揃えるお店。軽井沢という土地柄を意識した、ナチュラルで洗練された作品に出会える。
☎0267-31-6979 ㊝軽井沢町軽井沢601-1チャーチストリート軽井沢1F ⏰10:00～18:00(12～3月は～17:00、その他変動あり) ㊡冬季不定休 ㊋JR軽井沢駅から町内循環バス東・南廻り線内回りで4分、旧軽井沢下車、徒歩3分 ㋻チャーチストリート軽井沢駐車場利用(有料・割引サービスあり)

B 職人の手仕事から生まれる意匠を凝らした美しい彫り
大坂屋家具店
おおさかやかぐてん
MAP 付録P.7 D-2

外国人別荘族のために家具を作ったことに始まる老舗家具店。100年以上もの伝統の技が光る軽井沢彫には定評がある。大型家具のほか小物も揃う。
☎0267-42-2550 ㊝軽井沢町軽井沢629-5 ⏰10:00～18:00(夏季は延長) ㊡11～3月の木曜(祝日の場合は営業) ㊋JR軽井沢駅から町内循環バス東・南廻り線内回りで4分、旧軽井沢下車、徒歩6分 ㋻なし

C 軽井沢彫家具工房が作る小物類で伝統の技を堪能
一彫堂 ICCHODO
いっちょうどう
MAP 付録P.6 C-3

昭和2年(1927)創業の軽井沢彫専門店。宣教師の別荘や旧三笠ホテルにも家具を納品してきた伝統ある老舗だ。小物も多く扱うのでおみやげにぜひ。
☎0267-42-2557 ㊝軽井沢町軽井沢775 ⏰9:00～19:00 冬季10:00～17:00 ㊡冬季不定休 ㊋JR軽井沢駅から町内循環バス東・南廻り線内回りで4分、旧軽井沢下車、徒歩5分 ㋻なし

軽井沢ハイキング

旧軽井沢から足をのばして
旧碓氷峠 森林浴ハイキング

旧軽井沢銀座通りの賑わいを離れ、小橋を渡って緑あふれる峠道へ。澄んだ森の空気と絶景を楽しむ。

長野と群馬の県境
絶景が待つ見晴台へと進む

旧軽井沢から見晴台までは、旧碓氷峠遊覧歩道を歩いて約1時間。標高1200mの見晴台は眺望が素晴らしく、サンセットポイントとしても有名。夕暮れどきの浅間山は絵に描いたように美しい。散策の際は、旧軽井沢の観光会館や駅の観光案内所でマップを入手し、履きなれた靴で歩きたい。

1 二手橋
にてばし

MAP 付録P.5 F-2

矢ヶ崎川に架かる小橋

軽井沢が中山道の宿場だった江戸時代、旅籠に泊まった旅人同士が、互いに別れを惜しみながら二手に分かれたことが名前の由来。

☎0267-42-5538（軽井沢観光会館） 所軽井沢町軽井沢 営休料見学自由 交JR軽井沢駅から町内循環バス東・南廻り線内回りで4分、旧軽井沢下車、徒歩12分 Pなし

軽井沢に泊まった旅人が飯盛女に見送られた場所とも伝わる

- 二手橋を渡って10分ほど歩くと、旧碓氷峠遊覧歩道に入る
- 山腹を縫うように登る道が続く
- 矢ヶ崎川の分流のせせらぎを渡る吊り橋が架かる
- 分かれ道を右手に曲がると見晴台へ
- このあたりから尾根に沿ったなだらかな道に変わる

日本聖公会 軽井沢ショー記念礼拝堂 P.36/P.71

つるや旅館 P.70/P.77/P.107

歩く時間 ◆ 約2時間(往復)

ハイキングルート

緑豊かな遊歩道を歩いて見晴台を目指す定番ハイキングルート。急な上り坂や難所もないので、お散歩気分で楽しめる。

二手橋バス停
↓ 徒歩すぐ
1 二手橋
↓ 徒歩約1時間
2 見晴台
↓ 徒歩5分
3 熊野皇大神社
↓ 徒歩すぐ
見晴台バス停

2 見晴台
みはらしだい
MAP 付録P.4 C-2

標高1200mの展望公園

旧碓氷峠の頂上近くの展望台。晴れた日は、浅間山をはじめ妙義山、南アルプス、八ヶ岳など、壮大な絶景が見渡せる。

↑シャトルバスなら終点が見晴台にも近いので、気軽に絶景を楽しめる

→長野県と群馬県の県境から、周囲の山々を一望できる
☎0267-42-5538(軽井沢観光会館)
所軽井沢町峠町
営休料見学自由
交上信越自動車道・碓氷軽井沢ICから車で30分 Pあり

旧軽井沢から見晴台まではシャトルバスも運行

4月下旬~11月下旬は万平ホテルから旧軽井沢通りを経由し見晴台に向かう通称「赤バス」(見晴台線)が運行。万平ホテルから終点まで所要20~30分、片道500円。帰り道だけ利用するのも便利。

軽井沢交通バス
かるいざわこうつうバス
☎0267-42-0353

※上記の「歩く時間(往復)」は神社仏閣/施設などの入口までの目安です。見学時間などは含みません。

ひと休みスポット

老舗茶屋で味わう昔ながらの味

しげの屋
しげのや

長野県と群馬県にまたがる峠のお茶屋。中山道を歩く旅人も食べたという名物の力餅(あんこほか6種類)を味わいながら、ひと息つきたい。

MAP 付録P.4 C-2
☎0267-42-2402 所軽井沢町峠町2 営4月下旬~11月下旬 10:00~16:00(夏季は~17:00、LOは各閉店10分前) 休不定休 交上信越自動車道・碓氷軽井沢ICから車で30分 P30台

↑創業300年以上の歴史を持つ老舗茶屋

↑名物「峠の力餅」がおすすめ

3 熊野皇大神社
くまのこうたいじんじゃ
MAP 付録P.4 C-2

パワースポット「しなの木」へ

長野県と群馬県の県境に鎮座し、信濃国特別神社に指定。境内に2つの神社が建立する、全国でも珍しい神社。

☎0267-42-5749 所軽井沢町峠町碓井峠1 営休参拝自由 交上信越自動車道・碓氷軽井沢ICから車で30分 P10台

↑八咫烏に先導され、碓氷嶺山頂へ登った日本武尊(ヤマトタケルノミコト)により建立されたと伝わる古社

↑本殿の左奥には樹齢1000年以上という御神木「しなの木」が

旧碓氷峠 森林浴ハイキング

歴史ある名湯を中心に広がるモダンなリゾートエリア

中軽井沢
なかかるいざわ

古くは作家や詩人たちに愛された湯の街。
老舗温泉旅館から変貌を遂げた、
大人のナチュラル・リゾートで極上の時を過ごす。

軽井沢●歩く・観る

↑清流沿いの森に囲まれた星野エリア。
緑と水のリゾートは滞在型ステイに人気

街歩きのポイント
- 洗練されたリゾートを満喫
- 歴史ある名湯でリラックス
- モダンアートと庭園散策を楽しもう

自然と芸術、温泉にショッピング コンパクトに楽しめる最新リゾート

　明治時代に星野温泉が開湯してから、多くの文化人が訪れるようになった中軽井沢。今でも美術館や芸術的な教会が点在し、文化的な空気が漂う。近年では、温泉旅館があった星野エリアに、ショッピング＆グルメ・タウンのハルニレテラスや日帰り温泉、ホテルなどが集まり、自然を生かしたコンパクトな大人のリゾートに変身した。江戸時代に沓掛宿（くつかけ）が置かれた中軽井沢の駅前も、駅舎の改装やくつかけテラスの誕生で、おしゃれな玄関口へと生まれ変わっている。

アクセス方法

旧軽井沢
🚌 バス 町内循環バス東・南廻り線外回りで**8分**／草軽交通シャトルバスで**7分** ／ 🚌 バス 町内循環バス東・南廻り線内回りで**14分**
軽井沢駅
🚆 電車 しなの鉄道しなの鉄道線で**4分**
中軽井沢駅
🚌 バス 町内循環バス東・南廻り線外回りで**17分**
塩沢湖（一部の便のみ停車）

46

一日楽しめる洗練エリア
星野エリア
ほしのエリア

自然のなかの複合リゾートエリア。ホテル以外にも温泉やハルニレテラス、教会などが日帰り客にも人気。　➡ P.48

緑のなかで現代アートに親しむ
セゾン現代美術館
セゾンげんだいびじゅつかん

20世紀前半の巨匠や日本の気鋭の画家など、現代美術に対象を定めて作品を収蔵展示。　➡ P.52

↑生い茂る木々に囲まれたセゾン現代美術館

山岳画家の迫力ある作品を鑑賞
田崎美術館
たさきびじゅつかん

文化勲章受章画家・田崎廣助の遺志で、第2の故郷として愛した軽井沢にその作品を保存・展示する。　➡ P.53

中軽井沢散策の起点にしたい
くつかけテラス

図書館に観光案内所やショップを併設した、中軽井沢駅前の地域交流施設。

MAP 付録P.9 E-4
☎ 0267-41-0743
所 軽井沢町長倉3037-18　営 6:00～24:00(施設、店舗により異なる)　休 無休

中軽井沢

自然と文化が調和する新しい避暑地のかたち
森に包まれた小さな街
星野エリア

由緒ある星野温泉とハルニレテラス、厳かな教会、野鳥の森でのネイチャーツアーなど、魅力的なスポットが揃うおしゃれなリゾートで、新しい避暑地の時間を過ごしたい。

← 大正4年(1915)に開湯し避暑地の名湯として愛された星野温泉の流れをくむ、星野温泉 トンボの湯(P.51)

軽井沢●歩く・観る

- 星野温泉 トンボの湯 P.51
- 村民食堂 R
- カフェハングリースポット
- ピッキオ P.51
- シャトルバス発着所
- 星野温泉トンボの湯(下り)
- 星野温泉トンボの湯(上り)
- ブレストンコート ユカワタン P.80 R
- 軽井沢高原教会 P.28/P.50
- ココペリ S
- 我蘭憧 P.49 S
- サジロカフェ・リンデン P.49 C
- ハルニレテラス P.49
- TEAM7 S
- イル・ソーニョ P.49 R
- せきれい橋 川上庵 P.49 R
- ナチュールテラス P.49
- 常世 tocoyo
- 丸山珈琲 C
- セルクル P.49
- ナガイファーム
- 希須林 S
- モリアソビ S
- 石の教会 内村鑑三記念堂
- 菓子処 和泉屋 傳兵衛 S
- ギャラリー樹環 S
- 軽井沢ホテルブレストンコート ザ・ラウンジ P.89 C
- 星野リゾート 軽井沢ホテル ブレストンコート H P.105
- 軽井沢ホテルブレストンコート ノーワンズレシピ R P.85
- 沢村 C

開湯は大正時代に遡る避暑地のなかの温泉街

星野エリアの歴史は古く、大正4年(1915)に開湯した星野温泉が始まり。当時、草津温泉に逗留した人々が仕上げ湯として利用しており、その後北原白秋や島崎藤村など多くの文人らが逗留し、名作を執筆。また明治時代より避暑地として多くの外国人が訪れたことから、由緒ある教会が誕生し、文化人の集う地として歴史を重ねてきた。こうした成り立ちを背景に星野エリアは、自然との共生をコンセプトに誕生。湯川沿いの遊歩道でつながるハルニレテラスは、自生するハルニレの木々を生かしながら店が並び、四季折々の景観も美しい。

← 星野エリアの最奥にたたずむ滞在型リゾート、星のや軽井沢(P.104)

48

★ケラ池
★軽井沢野鳥の森 P.24
ピッキオビジターセンター

星のや軽井沢 H
P.72/P.104

➡広さ約100ha、年間約80種類の野鳥が見られる軽井沢野鳥の森を拠点に、ピッキオ(P.51)がネイチャーツアーを催行している

⬆モダンな建物が広いウッドデッキでつながれている

ハルニレテラス

MAP 付録P.9 E-3

自然と文化が調和する小さな街

軽井沢の日常をコンセプトに、16のレストランやショップが集まる小さな街。星野温泉 トンボの湯からは遊歩道を徒歩5分。季節ごとにさまざまなイベントを開催する。

☎050-3537-3553
所 軽井沢町星野
営 7:00～22:00（店舗・季節により異なります）
休 無休
交 JR軽井沢駅から車で15分
P エリア内250台

⬅川のせせらぎに耳を傾けながら、テラス席でカフェ休憩するのも心地よい

星野エリア

ハルニレテラスのグルメ&ショッピングスポット

美しい緑と川に囲まれた空間に、信州の地元食材を使ったメニューや、洗練されたハンドメイド品が集結。

野菜たっぷりのイタリアン
イル・ソーニョ

MAP 付録P.9 E-3

地元野菜を味わうソーニョ風バーニャカウダや、本格的な石窯で焼き上げるローマ風ピッツァが人気。

☎0267-31-0031
営 11:00～21:00(LO)　休 無休

晴れた日のテラス席が人気
せきれい橋 川上庵
せきれいばしかわかみあん

MAP 付録P.9 E-3

旧軽井沢に本店をおく老舗(P.97)。おすすめは大きなエビが人気の天せいろ。地酒の種類も豊富。

☎0267-31-0266
営 11:00～21:00(LO)　休 無休

フレンチデリと厳選ワイン
セルクル

MAP 付録P.9 E-3

デリの手軽さと一流フレンチの味を兼ね備える。ソムリエセレクトのワインと一緒に楽しんでみたい。

☎0267-31-0361
営 10:00(レストラン11:00)～21:00　休 無休

スパイス料理とテーブルウェア
サジロカフェ・リンデン

MAP 付録P.9 E-3

スパイス料理やハーブ、紅茶、雑貨を扱うカフェ&ライフスタイルショップ。小分けにしたスパイスの販売も。

☎0267-46-8191
営 11:00～21:00(LO)　休 無休

上質な北欧スタイルを提案
ナチュールテラス

MAP 付録P.9 E-3

北欧ならではの洗練された家具や食器などが並んでおり、1950年代を中心としたヴィンテージ食器も充実。

☎0267-31-0737　営 10:00～18:00　休 無休

温かみのある木工おもちゃ
我蘭憧
がらんどう

MAP 付録P.9 E-3

ヨーロッパ各地からセレクトされた木製おもちゃや家具が所狭しと並ぶ。オーダーメイドも受け付けている。

☎0267-31-0036　営 10:00～18:00　休 無休

※ハルニレテラス全店舗の営業時間は季節により異なります

軽井沢 ● 歩く・観る

いつでも迎えられるようにとの思いから、常に開かれている教会の扉

軽井沢高原教会
かるいざわこうげんきょうかい
MAP 付録P.9 E-3

誰もが自由に集い語らう教会ウエディング発祥の地

教会文化が色濃く残る軽井沢のなかでもとりわけ歴史が深く、大正10年(1921)に芸術自由教育講習会が開催され、内村鑑三はじめ多くの文化人が集まり、熱く語りあったという。

☎0267-45-3333 所軽井沢町星野
営10:00～17:00(挙式時は見学不可)
休無休 料無料 交JR軽井沢駅から車で15分 P160台

↑祭壇へ続く大理石のバージンロード。厳かな空気が漂う礼拝堂

↑参加自由のゴスペル礼拝は毎週日曜13時30分から

季節のイベントに注目

無数のランタンが教会の森を幻想的に照らし出す8月のサマーキャンドルナイト(予約制、左)。ゴスペルの美しい歌声が教会に響きわたる(右)

10月中旬～11月上旬の紅葉の時期には中庭をライトアップする

星野温泉 トンボの湯
ほしのおんせん トンボのゆ
MAP 付録P.9 E-2

数多の文豪や芸術家が愛した
大正時代から続く美肌の湯

星野温泉の歴史をくむ温泉施設として2002年にオープン。湧出量毎分400ℓを誇る源泉100％のかけ流しの湯は、とろりとして肌がなめらかになると好評。

☎0267-44-3580 所軽井沢町星野
時10:00～22:00（受付は～21:15） 休無休
料1350円（GW・8月・年末年始は1550円）
交JR軽井沢駅から車で15分 P250台

↑花崗岩が連なる開放的な露天風呂

↑檜造りの内湯には自然光が差し込む大きな窓が設けられ、豊かな景色が楽しめる

星野エリア

軽井沢の自然と親しむネイチャーツアー

野鳥の宝庫として有名な軽井沢。森を知り尽くしたガイドが、野鳥や植物、昆虫の生態や名前などを解説してくれる。

野生動植物の調査・保全や、多彩なネイチャーツアーを開催する「ピッキオ」。星野エリアに隣接する「軽井沢野鳥の森」（P.24）は100haもの広さで、年間約80種の野鳥が生息し、約300種の植物が生育する。その森を舞台にネイチャーウォッチングやワイルドサファリツアー、こども冒険クラブ、ムササビウォッチングなど、誰もが楽しめる魅力的なツアーが多彩に揃う。

ピッキオ
MAP 付録P.9 E-2

☎0267-45-7777 所軽井沢町星野
時9:30～16:00（5～8月は～17:00）
休無休 料野鳥の森ネイチャーウォッチング2500円、ムササビウォッチング3400円、ワイルドサファリツアー6500円 P250台

↑軽井沢は日本三大野鳥生息地のひとつ

↑ムササビなど夜行性動物観察も人気

↑軽井沢の豊かな動植物を四季を通じて観察できる

なだらかな斜面を生かしたセゾン現代美術館の庭園には、イサム・ノグチ、安田侃らの彫刻作品を配置

軽井沢●歩く・観る

珠玉のアートと芸術家が愛した自然に魅せられて

心洗われる高原の美術館

多くの芸術家が訪れた軽井沢には、人々の心を魅了する個性豊かな美術館が点在。アートを鑑賞したあとは、カフェやテラスで周囲の自然を眺めながら余韻に浸る贅沢なひとときを。

セゾン現代美術館
セゾンげんだいびじゅつかん
MAP 付録P.9 D-1

巨匠が生んだ現代アートにゆっくり向き合う

入口から美術館までのアプローチを歩くだけですがすがしさに包まれる、緑のなかの美術館。ヨーロッパやアメリカをはじめ、戦後の日本を代表する作家まで、著名な現代美術作品約800点を収蔵し、テーマに沿ってわかりやすく展示している。

↑現代美術の愛好者からも高い評価を受けている充実したコレクションは必見

↑アメリカ現代美術を代表する作家のひとり、ジョージ・シーガルの彫刻『ゲイ・リベレーション』

☎0267-46-2020 所軽井沢町長倉芹ヶ沢2140 営10:00~18:00(11月は~17:00、入館は各30分前まで) 休木曜(8月は無休)、11月下旬~4月下旬、展示替えの臨時休館あり 料1500円 交しなの鉄道・中軽井沢駅から車で10分/西武観光バス・草津温泉行きで8分、千ヶ滝温泉入口下車、徒歩7分 P30台

↑川のせせらぎを聞きながら木洩れ日の差す広大な庭園を散策し彫刻作品を巡る。「自然と共生する美術館」のコンセプトが生きている

ミュージアムカフェ
ヤマアラシ

セゾンの森の景色を楽しみながら休憩できるブックカフェ。

軽井沢現代美術館
かるいざわげんだいびじゅつかん
MAP 付録P.10 C-1

海を渡ったアーティストの幅広い作品が並ぶ

2008年にオープンした、静かな森の中にたたずむミュージアム。草間彌生や奈良美智など、海外のアートシーンで高評価を得ている日本人作家を中心に展示し、企画展示室、ギャラリーも併設。版画を中心に作品も購入できる。

☎0267-31-5141
所 軽井沢町長倉2052-2
時 10:00～17:00 休 火・水曜(祝日の場合は開館、GW・夏季は無休)、11月下旬～4月中旬は冬季休館 料 1000円 交 しなの鉄道・中軽井沢駅から車で5分／JR軽井沢駅から町内循環バス東・南廻り線内回りで10分、図書館前下車、徒歩3分 P 20台

↑自然の外光を採り入れたユニークな館内で、日本人アーティストの作品をテーマに合わせて展示。1階のメイン展示室は奥行50m

↑木立にたたずむゲートもモダンな雰囲気

↑来館の記念になるオリジナルノートやミュージアムグッズも充実

↑緑に囲まれた美術館。運営が東京の画廊なので、ギャラリーでは作品の購入もできる

田崎美術館
たさきびじゅつかん
MAP 付録P.9 D-3

山を愛する田崎氏の作品を幾何学的な建物が包む

文化勲章受章画家・田崎廣助が、第2の故郷としてアトリエを構えた軽井沢に、昭和61年(1986)開館。代表作の阿蘇山、朱富士、浅間山をはじめ、パリ留学時代のスケッチ画などが並ぶ。日本建築学会賞受賞の建物も注目したい。

☎0267-45-1186
所 軽井沢町長倉横吹2141-279
時 10:00～17:00 10・11月10:30～16:30 休 水曜、臨時休あり、11～4月に冬季休館あり 料 900円 交 しなの鉄道・中軽井沢駅から徒歩20分 P 20台

↑原広司設計による建物は、積乱雲をイメージした屋根と幾何学的な壁面構成が軽井沢の自然にマッチ

↑自分の作品を軽井沢で永久に保存展示したいという、故人の遺志により開館

注目ポイント
「山岳画家」田崎廣助

昭和41年(1966)から軽井沢で活動した洋画家。スケールの大きい山を多く題材とし、何度も富士に足を運ぶなど「山岳画家」として知られた。同50年(1975)には文化勲章を受章。

↑『箱根朱富士』1975年、油彩、画布

心洗われる高原の美術館

避暑客を迎えるリゾートの玄関口
軽井沢駅周辺
かるいざわえきしゅうへん

駅の南の大型ショッピングモールが賑わいをみせる新幹線の停車駅。旧軽井沢へ延びる通りにはおしゃれなショップやレストランも点在する。

軽井沢●歩く・観る

↑軽井沢・プリンスショッピングプラザ。季節や天候に左右されずに楽しめる

街歩きのポイント
- サイクリングで別荘地や景勝地を走る
- アウトレットでお得に買い物を楽しむ
- 壮大な絶景が待つ北軽井沢へドライブ

旧軽井沢へ向かう前に立ち寄りたい
買い物やグルメ、景勝スポットが点在

　軽井沢観光の玄関口で、新軽井沢とも呼ばれるエリア。北口から旧軽井沢方面に向かって延びる軽井沢本通りには、人気のショップや老舗レストランのほか、個性的な美術館も数多い。駅の近くには、四季折々の風情を見せる雲場池、開放感あふれる矢ヶ崎公園などの自然スポットも点在している。駅の南口には、軽井沢・プリンスショッピングプラザの広大な敷地が広がる。アウトレットのほか、軽井沢の上質な特産品も見つかり、外国人観光客にも人気が高い。

アクセス方法

旧軽井沢
🚌 バス 町内循環バス東・南廻り線外回りで8分
軽井沢駅
🚃 電車 しなの鉄道しなの鉄道線で4分
中軽井沢駅
🚌 バス 町内循環バス東・南廻り線外回りで17分 ／ 🚌 バス 町内循環バス東・南廻り線内回りで30分
塩沢湖（一部の便のみ停車）

↑明治期の姿を復元した(旧)軽井沢駅舎記念館

Street
軽井沢本通り
かるいざわほんどおり

軽井沢駅北口から旧軽銀座ロータリーまでの通り。駅前には便利なレンタサイクルショップも

軽井沢の四季を映し出す
雲場池
くもばいけ

南北に細長い形状の池の周囲に、四季折々の美景が広がる。ぜひ遊歩道を散策したい。
➡ P.56

ピクニックランチにも最適
矢ヶ崎公園
やがさきこうえん

軽井沢駅から徒歩約5分の位置にある広さ約4万6000㎡の公園。浅間山を眺望する憩いの場。
➡ P.57

アクセス抜群の巨大アウトレット
軽井沢・プリンスショッピングプラザ
かるいざわ・プリンスショッピングプラザ

軽井沢駅南口側、26万㎡以上の広大な敷地に200を超えるショップが入る。美しい池や緑の鮮やかな広場を間近に休憩するのもいい。
➡ P.60

軽井沢駅周辺

| 軽井沢サイクリング |

自転車に乗って巡る軽井沢の風光

カラマツ林を抜けて 水と緑の高原を走る

清涼な空気に包まれ、別荘地や緑あふれる林間の小径を抜け、ヒーリングスポットを訪ねたい。

軽井沢●歩く・観る

さわやかな空気のなかを走るサイクリングに出発

高原の澄んだ空気と緑の木々のなかを通る小径は、サイクリングにうってつけ。軽井沢駅北口近くにはレンタサイクルショップも多く、気軽に体験できるのも魅力だ。池や小川の近くで野鳥や野草に癒やされる、自然豊かなスポットを巡りたい。

レンタサイクル

自転車は、軽井沢駅前のレンタサイクルショップを利用するのがおすすめ。駐車場もあるので、車で訪れた場合でも安心だ。

サイクルメイトQ 駅前店
サイクルメイトキュー えきまえてん
MAP 付録P.8 C-4
☎0267-42-8985　所軽井沢町軽井沢東7-1　営9:00〜17:00 7月下旬〜8月8:00〜18:00　休不定休、雨天時、1・2月
交JR軽井沢駅からすぐ　P6台

サイクルメイトQ 新軽店
サイクルメイトキュー しんかるてん
MAP 付録P.8 B-3
☎0267-42-3315　所軽井沢町軽井沢東18-14　営9:00〜17:00 8月8:00〜18:00　休不定休、雨天時、1・2月　交JR軽井沢駅から徒歩5分　P15台

レンタサイクル市村輪店
レンタサイクルいちむらりんてん
MAP 付録P.8 C-4
☎0267-42-2484　所軽井沢町軽井沢東11-4　営9:00〜17:00(4〜9月は〜18:00)　休水曜(8月は無休)、1・2月　交JR軽井沢駅から徒歩2分　P4台

雲場池
くもばいけ
MAP 付録P.8 A-2

四季折々の美しさを楽しむ

「スワンレイク」の愛称をもつ神秘の池。夏は緑と空のコントラストが、秋は紅葉、そして冬さえも美しい表情を見せてくれる。
☎0267-42-5538(軽井沢観光会館)
所軽井沢町六本辻　料見学自由
交JR軽井沢駅から約1.5km　P30台

○御膳水が流れる小川をせき止めたことで、雲場池が誕生した

○池からのさわやかな風と鳥のさえずりに、心が癒される

○池の周りの小径は、20分ほどで一周できる

御膳水
ごぜんすい
MAP 付録P.5 D-2

雲場池の水源でもある清水

ホテル鹿島ノ森(P.106)の敷地内にある小さな渓谷に湧き出る清水。明治天皇もこの水をご飲用されたため「御膳水」と呼ばれる。
☎0267-42-3535(ホテル鹿島ノ森)
所軽井沢町軽井沢1373-6
料見学自由　交JR軽井沢駅から約2.7km　P50台

サイクリングコース

所要◆約2時間

喧騒から離れ、緑豊かなエリアを走る爽快なコース。軽井沢本通り沿いのレストランでランチも◎。

軽井沢駅 かるいざわえき
↓ 1.5km／10分
1 雲場池 くもばいけ
↓ 1.2km／8分
2 御膳水 ごぜんすい
↓ 2.4km／16分
3 矢ヶ崎公園 やがさきこうえん
↓ 0.3km／2分
軽井沢駅 かるいざわえき

水と緑の高原を走る

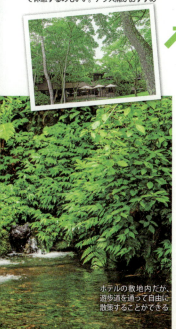

→ホテル鹿島ノ森 メイプルラウンジ(P.86)で休憩するのもいい。テラス席がおすすめ

ホテルの敷地内だが、遊歩道を通って自由に散策することができる

3 矢ヶ崎公園
やがさきこうえん

MAP 付録P.8 C-4

浅間山を望む憩いの場

大きな池を中心に遊歩道や遊具、芝生エリアなどがある多目的公園。五角形の建物が特徴的な大賀ホールの風景や、浅間山と離山の眺望を楽しめる。

☎0267-45-8582(地域整備課) 🏠軽井沢町軽井沢
⏰休none 入園自由
🚗JR軽井沢駅から約0.3km
🅿60台(2時間未満無料)

↑大賀ホールに隣接する多目的公園

アイスコーヒーでひと息

珈琲館 旦念亭
こーひーかん たんねんてい

親子で営む老舗喫茶店。8時間かけて抽出する名物の水出しコーヒーは手作りチョコレートケーキ(地方発送可)とともに堪能したい。

MAP 付録P.8 C-4

☎0267-42-5616 🏠軽井沢町軽井沢東4-2 ⏰9:00(GW、7～9月8:00)～18:30(LO) 休水曜(GW、7～9月は無休)
🚗JR軽井沢駅から徒歩2分 🅿11台

↑落ち着いた雰囲気の店内。晴れた日は風が心地よいテラス席がおすすめ

↑白糸の滝を源水とする水で抽出する水出しコーヒー700円とチョコレートケーキ650円

軽井沢ドライブ

浅間山の麓を車で爽快に駆ける
北軽井沢へ！絶景ドライブ

↑三笠通りから北軽井沢へ続く白糸ハイランドウェイ（普通車500円）

軽井沢から北軽井沢へ、緑あふれる森の中を進む白糸ハイランドウェイと、浅間山を望み鬼押出し園へ向かう鬼押ハイウェー。2つの観光道路を走り、絶景をたどる旅へ。

軽井沢●歩く・観る

↑湾曲した岩壁を、岩肌から染み出た清水が数百条の白糸のように流れ落ちる

1 白糸の滝
しらいとのたき
MAP 付録P.4 B-1

清涼な空気に満ちた滝

落差3m、幅70mのダイナミックな滝。軽井沢の澄み切った空気とすがすがしい水音が五感に響き、心身の疲れを癒やしてくれる。

☎0267-42-5538（軽井沢観光会館）所軽井沢町長倉 開休見学自由 交JR軽井沢駅から約10.6km P200台

2 浅間六里ヶ原休憩所
あさまろくりがはらきゅうけいじょ
MAP 付録P.3 E-1

広大な景観のなかでひと休み

鬼押ハイウェーの途中にあり、浅間山の眺望が抜群の休憩スポット。レストランや売店のほか、農産物や山野草を販売する物産コーナーもある。

☎0279-80-5222 所群馬県嬬恋村鎌原1053-46 開9:30〜16:00（季節により異なる）休11月下旬〜4月下旬 交JR軽井沢駅から約15.9km P120台

↑犬連れの息抜きにうれしい「ワンちゃん広場」も隣接する

↑六里ヶ原の雄大な景色を望む

所要 ◆ 約3時間30分
おすすめドライブルート

美しい景色が続く2つの観光道路を進もう。浅間山の噴火警戒レベルについては事前に確認を。

軽井沢駅
かるいざわえき

↓ 県道133号・
白糸ハイランドウェイ経由
約10.6km／24分

1 白糸の滝
しらいとのたき

↓ 白糸ハイランドウェイ・
鬼押ハイウェー経由
約5.3km／8分

2 浅間六里ヶ原休憩所
あさまろくりがはらきゅうけいじょ

↓ 鬼押ハイウェー経由
約3.3km／4分

3 鬼押出し園
おにおしだしえん

↓ 鬼押ハイウェー・
白糸ハイランドウェイ・
県道133号経由
約18.8km／32分

軽井沢駅
かるいざわえき

北軽井沢へ！絶景ドライブ

3 鬼押出し園
おにおしだしえん

MAP 付録P.3 E-1

「溶岩の芸術」ともいわれる

天明3年(1783)の浅間山噴火で流出した鬼押溶岩流が形成した奇勝。遊歩道が整備され、迫力ある奇岩群を見学しながら散策できる。2021年に70周年を迎えた。

☎0279-86-4141　群馬県嬬恋村鎌原1053
⏰8:00～17:00　無休　￥650円　JR軽井沢駅から約18.8km　P750台

昭和33年(1958)建立の浅間山観音堂には、御本尊として聖観世音菩薩が祀られている

↑年間を通して秘仏をご開帳

↑クリスマスにはイルミネーションが点灯。水面にも光が映り美しい

国内最大の店舗数、規模を誇る巨大アウトレット

軽井沢・プリンスショッピングプラザ
かるいざわ・プリンスショッピングプラザ

軽井沢●歩く・観る

有名ブランドからアウトドアウェア、雑貨、おみやげなど、多彩なショップを備えたリゾート型ショッピングモールでショッピングやグルメを満喫したい。

約26万㎡の緑豊かな空間に魅力的な10のモールが並ぶ

軽井沢駅南口側に展開される国内最大級のショッピングモール。軽井沢という長い歴史に育まれた高原リゾートが醸すゆったりとした時間と上質な空気に包まれながら、買い物や食事を快適に楽しめる。自然に囲まれたロケーションも素晴らしく、広大な敷地は10のそれぞれ特色あるエリアに分かれており、約240のショップが軒を連ねている。

MAP 付録P.8 B-4
☎0267-42-5211　軽井沢町軽井沢
10:00～19:00(季節により異なる)　不定休
JR軽井沢駅からすぐ　約3500台(有料)

●クリスマスのイルミネーションは、7つの特徴的なシンボルツリーが夜を美しく彩ってくれる

ニューウエスト
NEW WEST

店舗数・ラインナップとも充実

レディスファッション、メンズファッション、雑貨、おみやげ、キッチン用品まで多彩なショップが並ぶ。店舗数が最も多いエリア。

↑目移りするような豊富な商品が揃う

↑キッズショップが中心のエリア

ウエスト
WEST

子ども連れのほか雑貨好きにも人気

キッズ服や玩具、子ども向けの店舗が多く、カラフルで楽しい雑貨を扱う店もある。なにかと便利なコンビニや薬局も入る。

スーベニアコート
SOUVENIR COURT

信州・軽井沢の名産をチェック

そばやジャムなど地産の食料品を中心とした、信州・軽井沢ならではのおみやげが揃う。

↑テイクアウトフードを扱う店もある

フードコート
FOOD COURT
買い物途中で気軽に腹ごしらえ

店内400席とテラス100席があり、ラーメン、カレー、お好み焼など、カジュアルな食事が楽しめる。

↑7つの飲食店でグルメを満喫できる

軽井沢 味の街
KARUIZAWA AJI NO MACHI
落ち着いて食事をとりたいならここ

和食、洋食、寿司、イタリアンなどの店があり、各店ともゆっくり食事が楽しめるだけのスペースもあるのがうれしい。

↑広々とした店内では8店舗が出店している

センターモール
CENTER MALL
アクセサリーショップが多数揃う

プラザ内で最も新しいエリアのひとつ。軽井沢駅南口の正面に位置し、ジュエリーやアクセサリー、雑貨などが揃う。

↑案内所があるので、最初に立ち寄りたい

イースト
EAST
アクティブ派におすすめ

スポーツやアウトドアショップが充実している。スポーツ好きの若者からゴルフを楽しむシニアまで、世代を問わずニーズに対応。

↑スポーツ以外におみやげ店もあり

ガーデンモール
GARDEN MALL
ハイセンスなショップが集中

洗練された海外ラグジュアリーブランドや、好感度なセレクトショップが出店。

↑ガーデンそばの開放的なモール

ツリーモール
TREE MALL
広場を眺めながらショッピング

「芝生のひろば」を囲むように海外の有名ブランドが並び、開放感抜群。公園を散歩する感覚で買い物が楽しめる。

↑「芝生のひろば」に隣接している

ニューイースト
NEW EAST
幅広い好みに応えてくれる

老舗ラグジュアリーブランドから若者に人気のカジュアルウェアまで、幅広い年齢層に対応したショップが揃う。

↑正面入口の洗練されたデザインが目を引く

軽井沢・プリンスショッピングプラザ

まばゆい緑のなかに漂うアートと文学の薫り

南軽井沢
みなみかるいざわ

ゆったりとした自然のなかにたたずむ
メルヘンチックな美術館でアートに浸り、
文人たちが名作を生んだ文学の跡を訪ねる。

軽井沢●歩く・観る

街歩きのポイント
美術館でアートにふれる
軽井沢ゆかりの文学者を知る
高原の美しい庭を見学する

↑周辺に芸術施設が点在する塩沢湖。美しい湖畔の風景に、心が研ぎ澄まされる

湖畔を散策し、カフェに立ち寄りつつ
アート作品や文学者の芸術世界に遊ぶ

　広々とした敷地に豊かな自然を生かしたリゾート施設が点在する。なかでも美術館や文学館など、芸術文化関連の施設が多く、軽井沢らしい自然風景に包まれて芸術鑑賞を楽しめる。その中心となるのが、塩沢湖周辺に広がる軽井沢タリアセン。軽井沢ゆかりの作家にふれられる軽井沢高原文庫や文人たちのレトロな別荘、ペイネ美術館などが湖畔にたたずむロマンティックな総合リゾート施設だ。ほかにもテーマ性の高い個性的な美術館や植物園などを南軽井沢の各所で楽しめる。

アクセス方法

軽井沢駅
- 🚆 電車　しなの鉄道しなの鉄道で4分
- 🚌 町内循環バス東・南廻り線外回りで24分
- 🚌 西武観光バス急行塩沢湖線で13分

中軽井沢駅
- 🚌 町内循環バス東・南廻り線内回りで14分

風越公園
- 🚌 町内循環バス東・南廻り線で1分 ※一部の便のみ停車
  西武観光バス急行塩沢湖線で2〜5分、徒歩で10分

南軽井沢／塩沢湖

湖畔のリゾートでアートや名建築にふれる
軽井沢タリアセン
かるいざわタリアセン

自然豊かな塩沢湖を中心にして複数の美術館など芸術施設で構成される、南軽井沢最大規模を誇るリゾート施設。
➡ P.64

モダンな美術館で迫力ある作品を鑑賞
軽井沢千住博美術館
かるいざわせんじゅひろしびじゅつかん

世界的に活躍する日本画家・千住博の作品を展示する。軽井沢の自然のなか、アートと一体になって空間をつくる建築にも注目したい。
➡ P.66

文化学院創立者・西村伊作の作品を展示
ル ヴァン美術館
ル ヴァンびじゅつかん

西村伊作の絵画や陶芸などを展示。軽井沢の緑に調和する英国コテージ風の建物や、美しい庭園も必見。
➡ P.66

絵のように美しい森に2つの美術館が建つ
ムーゼの森
ムーゼのもり

絵本や木のおもちゃなどメルヘンなテーマの美術館と、四季折々の花が咲き誇るナチュラル・ガーデンで構成される。
➡ P.67

南軽井沢

◆軽井沢タリアセン内にあるペイネ美術館

◆軽井沢レイクガーデンのバラは見事

63

美術館&博物館で過ごす優雅な休日
別荘地で美とふれる旅
アートな午後

塩沢湖畔に広がる軽井沢タリアセンをはじめ南軽井沢に点在するアートスポットで、芸術や文学の息吹にふれ、極上の時を過ごしたい。

軽井沢●歩く・観る

軽井沢タリアセン
かるいざわタリアセン
MAP 付録P.10 B-3

軽井沢が誇る建築・文学・アートを堪能

軽井沢タリアセンは、塩沢湖を中心に美術館や遊戯施設、レストラン、ショップが集まったリゾート施設。ペイネ美術館、深沢紅子 野の花美術館、軽井沢高原文庫があり、文学やアートの世界が堪能できる。

☎0267-46-6161 ⌂軽井沢町長倉217
⏰9:00～17:00(冬季は要問い合わせ)
❄冬季不定休、美術館は展示替えの臨時休あり ¥入園800円、深沢紅子 野の花美術館600円、軽井沢高原文庫800円、ペイネ美術館1000円(タリアセン入園料込み)、ミュージアムセット券1600円(入園＋3館入館) 🚃JR軽井沢駅から車で10分／西武観光バス急行塩沢湖線で13分、塩沢湖下車すぐ／町内循環バス東・南廻り線外回りで25分、塩沢湖下車すぐ(風越公園下車は徒歩10分) 🅿180台(有料)

➡睡鳩荘は1階の居間部分などが一般公開されている
➡国の有形文化財に登録されている

睡鳩荘
すいきゅうそう

歴史的価値の高い別荘建築

昭和6年(1931)にW.M.ヴォーリズの設計で建築。明治～昭和期の実業家・朝吹常吉や、その長女である仏文学者・登水子の別荘だったことから、旧朝吹山荘と呼ばれる。

ペイネ美術館
ペイネびじゅつかん

訪れる人を幸せにしてくれる

『ペイネの恋人たち』シリーズで有名なフランスの画家レイモン・ペイネの原画やリトグラフ、愛用の画材などを展示している。建物は建築家アントニン・レーモンドの別荘だった「夏の家」を移築したもの。

➡寄り添う山高帽の男の子と女の子の『恋人たちの像』
➡前身の「夏の家」は昭和8年(1933)築
➡『ペイネの恋人たち』は世界中で親しまれている

深沢紅子 野の花美術館
ふかざわこうこ ののはなびじゅつかん
歴史的建物で野の花を愛でる

野の花を愛した深沢紅子(1903〜93)の水彩を中心に、油絵、リトグラフ、挿絵を展示している。建物は旧軽井沢郵便局舎を移築したもので、国の登録有形文化財。

↑明治44年(1911)築の瀟洒な木造2階建て洋館

グルメスポットも充実
レストラン湖水 レストランこすい

オープンテラスで湖畔のさわやかな景色を眺めながらランチを楽しめる。

→ カレーやコロッケなど気軽な洋食がメイン

↑野の花を題材にした水彩を中心に、季節に沿った展示が見られる

軽井沢高原文庫 → P.77
かるいざわこうげんぶんこ
軽井沢ゆかりの文学にふれる

軽井沢にゆかりのある文学や歴史を紹介。敷地内には、堀辰雄が愛した山荘、有島武郎の別荘「浄月庵」(P.76)、野上彌生子書斎などを移築し公開。

↑浄月庵(上)や堀辰雄山荘(下)など文人たちの過ごした空間にふれることができる

→ 軽井沢の豊かな文学世界を体験してみたい

イングリッシュローズ・ガーデン

英国の育種家デビッド・オースチンによる香り豊かなイングリッシュローズを中心に約200種類のバラが咲き誇る。バラは6月中旬〜9月下旬まで。

タリアセンショップ

園内の各美術館のグッズや、タリアセンコーヒーなどのオリジナル商品をおみやげにしたい。

塩沢湖
しおざわこ

ボートに乗って、湖上から美しい景色や野鳥の鳴き声に心癒やされたい。

別荘地で美とふれる旅 アートな午後

↑自然の傾斜が残された館内で、自然光による採光と木々の緑が空間を満たす

軽井沢千住博美術館
かるいざわせんじゅひろしびじゅつかん
MAP 付録P.10 B-2

画家と建築家がつくる新しい芸術の世界

ヴェネツィア・ビエンナーレ絵画部門で東洋人初の名誉賞を受賞するなど、日本を代表する現代アーティストとして活躍する千住博の作品を収蔵。『ウォーターフォール』や『冬の一隅』といった新旧の代表作が展示されている。

↑ブラックライトに照らされた滝が妖しげに光る暗室にも注目

↑千住博と建築家・西沢立衛のコラボレーションで平成2011年に誕生

☎0267-46-6565 ㊟軽井沢町長倉815 ㊷9:30～17:00（入館は～16:30）㊹火曜（祝日の場合は開館、GW・7～9月は無休）12月下旬～2月 ㊸1500円 ㊺JR軽井沢駅から車で10分／町内循環バス東・南廻り線外回りで25分、塩沢交差点下車、徒歩8分 ㊻60台

注目ポイント
世界で活躍する日本画家・千住博

代表作『ウォーターフォール』は、「滝」を描写するのではなく絵の具を流すことで、その流れ自体を「滝」として表現した。世界の人々の心をつかんだこの手法は、千住博が拓いた日本画の新境地だ。

『ウォーターフォール 1996』
©軽井沢千住博美術館

「軽井沢千住博美術館　展示風景」撮影:阿野太一　©軽井沢千住博美術館

ル ヴァン美術館
ル ヴァンびじゅつかん
MAP 付録P.10 A-3

英国コテージ風の建物に浅間山を望むカフェを併設

3つの展示室を備え、第1室は文化学院の創設者として知られる西村伊作と当院の教育に携わった芸術家たちの作品を常設展示し、第2・3室は毎年さまざまな企画展が開催される。館内には浅間山を望むカフェもあり、ケーキやランチが楽しめる。

☎0267-46-1911 ㊟軽井沢町長倉957-10 ㊷10:00～17:00 ㊹水曜（8月1日～9月15日は無休）、11月上旬～6月上旬 ㊸800円 ㊺JR軽井沢駅から車で15分／町内循環バス東・南廻り線外回りで21分、杉瓜入口下車、徒歩2分 ㊻40台

↑カフェテラスから望む庭園。バラの季節には美しい花が咲く

↑常設展が見られる第1室（上）。庭には風情ある井戸を配置（下）

↑1990年に開館した、絵本の専門美術館の先駆的存在

ムーゼの森
ムーゼのもり
MAP 付録P.10 B-3

大人の知的好奇心を刺激する自然のなかの芸術空間

ムーゼの森は、ピクチャレスク・ガーデンを含む軽井沢絵本の森美術館と、エルツおもちゃ博物館・軽井沢の2つの施設からなるミュージアムパーク。美しいものに囲まれ、本物の芸術文化にふれることで、大人も感性が磨かれる。

☎0267-48-3340 所軽井沢町長倉182(塩沢) 時9:30～17:00 3・4・11～1月10:00～16:00 入館は各30分前まで 休火曜(祝日の場合は変動、GW・7～9月は無休、12・1月は要問い合わせ)、1月中旬～2月、展示替えの臨時休あり 料軽井沢絵本の森美術館950円、エルツおもちゃ博物館・軽井沢750円、2館セット券1400円 交JR軽井沢駅から車で10分／西武観光バス急行塩沢湖線で13分、塩沢湖下車、徒歩2分／町内循環バス東・南廻り線外廻りで24分、風越公園下車、徒歩8分(塩沢湖経由の場合は27分、塩沢湖下車、徒歩2分) P200台

軽井沢絵本の森美術館
かるいざわえほんのもりびじゅつかん

お気に入りの絵本を見つけよう

約1万5000㎡の広大な森に、3つの展示館や図書館、イベントスペースが点在。静かな森の中でお気に入りの絵本を見ながら、のんびり過ごしたい。
MAP 付録P.10 B-3

↑欧米の絵本を中心に、近・現代作家の絵本原画、初版をはじめとする絵本資料を展示

エルツおもちゃ博物館・軽井沢
エルツおもちゃはくぶつかん・かるいざわ

木のおもちゃや知育玩具を展示

一体一体表情豊かな様子を見ていると、おもちゃの国の住人になったような気分。人形たちを見つめながら、夢に満ちた空想の世界に浸れる。
MAP 付録P.10 B-3

↑木の人形やミニチュアなど、ドイツ・エルツ地方の職人による伝統工芸的木工おもちゃを展示

↑ドイツの「エルツ地方のおもちゃ博物館」の姉妹館

別荘地で美とふれる旅 アートな午後

注目ポイント

絵のように美しいピクチャレスク・ガーデン

軽井沢絵本の森美術館の敷地内に広がる「ピクチャレスク・ガーデン」は「絵のように美しい庭」を意味する名前。宿根草や原種系の植物を生かしたこの「自然な」庭では、軽井沢の原風景とそこで移ろう四季の美しさを愛することができる。

↑英国人ランドスケープ・デザイナーのポール・スミザーがデザイン。生態系に配慮したナチュラル・ガーデン造りで活躍する
↑懐かしさと新しさが融合した庭で、四季の移ろいを感じながら自然に親しむ
©Garden Rooms

イングリッシュローズガーデン
香り豊かなイングリッシュローズを中心に、約350種3500株のバラが楽しめる

軽井沢●歩く、観る

高原を色鮮やかに染める2大ガーデンを訪ねる

避暑客を祝福する花々を追って

若葉がすくすくと生長する芽吹きの春、
美しいバラが咲き誇る高原の初夏。
高原に華やぎを添える軽井沢の庭を歩く。

ラビリンスローズガーデン
古城跡をイメージした石畳に、バラをメインに多様な草花をデザインした美しい庭園

めがね橋 めがねばし
湖の2カ所に架けられているめがね橋が、ガーデンの雰囲気を盛り上げてくれる

軽井沢レイクガーデン
かるいざわレイクガーデン
MAP 付録P.4 B-4

英国を思わせる美しい水辺の空間

豊かな水をたたえる湖を中心に、8つのガーデンエリアを展開する約1万坪のナチュラルガーデン。6・7月に見頃を迎えるバラをはじめ、軽井沢の風土に根ざした植物を愛でながら、優雅なひとときが楽しめる。

☎0267-48-1608
所 軽井沢町レイクニュータウン
開 9:00～17:00(水曜は～16:00) 入園は各30分前まで
休 11月上旬～4月中旬 料 1000～1500円
交 JR軽井沢駅から車で10分／町内循環バス東・南廻り線外回りで10分、ニュータウン入口下車、徒歩3分 P 250台

マナーハウス
庭園に溶け込む英国風の建物。落ち着いた雰囲気の直営みやげ店やレストラン、カフェが入る

軽井沢町植物園
かるいざわまちしょくぶつえん
MAP 付録P.10 B-4

軽井沢ならではの山野草が園内を四季折々に彩る

軽井沢高原一帯に自生する植物を中心に、約1600種類の樹木、草木が集められている。園内には観察通路が整備され、休憩所を備えた管理棟や軽井沢の植物を紹介する展示館も備えている。

☎0267-48-3337　軽井沢町発地1166
9:00～17:00(入園は～16:30)　12～3月　100円　JR軽井沢駅から車で8分／町内循環バス東・南廻り線外回りで24分、風越公園下車すぐ　P30台
写真提供:軽井沢町植物園

園入口 えんいりぐち
その季節に見られる花の写真が展示されているので、案内図と合わせて探してみたい

カフェ・フォーリア
イングリッシュローズガーデンの近くで、バラを愛でながらランチやカフェ休憩を楽しめる

注目ポイント

バラが咲き誇るローズシーズン
園内のバラを最も楽しめるのが、6月中旬～7月中旬のローズシーズン。期間中はハーブ演奏などのイベントも開催される。
薄く橙色を帯びた「ウエテルセン」(上)、鮮やかなクリムゾンの「テス・オブ・ザ・ダーバー・ヴィルズ」(下)

アサマキスゲとキキョウ
黄色い花弁のアサマキスゲと、青紫色のキキョウ。どちらも7月下旬～8月上旬が見頃

ニッコウキスゲ
6月上旬に開花。黄橙色の花弁はラッパ状で、朝に咲き夕方には閉じる一日花

コブシ
桜に先駆けて4月下旬～5月上旬に大ぶりな純白の花を咲かせる、軽井沢町の町木

サクラソウ
軽井沢町の町花。5月にピンクや白、薄紫のかわいらしい花を咲かせる姿が、園内各所で見られる

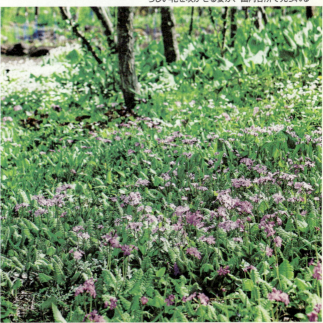

避暑客を祝福する花々を追って

歴史 日本の近代化とともに発展した避暑地の歴史に憩う
高原に花開いたリゾートの今昔

江戸時代には大名行列が通った現在の旧軽銀座。明治期には、ドレス姿の西洋人が歩くモダンな通りに変貌する。やがて、瀟洒な森の別荘地が広がり、ロマンティックなリゾートの聖地が誕生した。

紀元前〜16世紀 原野の広がる高原地帯
古代までの軽井沢

冷涼な軽井沢に暮らした縄文人や弥生人 古代には幹線道路が通る交通の要地だった

軽井沢高原一帯では、縄文時代から人々が暮らしていたと考えられている。軽井沢高原南端の茂沢付近では、6000〜7000年前の縄文前期とされる土器のほか、縄文中期から後期とみられる住居跡などが見つかっている。ほかにも高原一帯で、同時代の多くの遺跡が発掘されている。

古代から中世には、当時の幹線道路のひとつ、東山道が通っていたことから交通の要地とされた。東山道は長野と関東を結ぶ古道で、現在の碓氷バイパス(国道18号)沿いの入山峠を越えていた。日本武尊が東征の帰りに越えたと伝わる碓氷坂が、その入山峠と考えられている。

茂沢の南石堂遺跡
もざわのみなみいしどういせき
信濃追分 MAP 付録P.4 A-4

縄文中〜後期の住居跡や環状石造遺構があり、その中の「箱形石棺墓」は大変貴重なもの。

☎0267-45-8695(軽井沢町教育委員会) 所軽井沢町茂沢

⬆信濃追分駅南部の茂沢地区にある

長倉の牧
ながくらのまき
中軽井沢 MAP 付録P.9 D-4

平安時代、軽井沢には朝廷へ献上する馬の放牧場のひとつ、長倉の牧があった。その名残とされる「長倉の牧(牧堤跡)」が町内に残る。

☎0267-45-8695(軽井沢町教育委員会) 所軽井沢町長倉横吹2141-109

⬆中軽井沢長倉地区に史跡がある

17世紀〜19世紀 3つの宿場があった江戸時代
宿場町としての繁栄

江戸時代に寒村から宿場町へと発展を遂げる 旧軽井沢銀座通りには旅籠や茶屋が並んだ

高冷地にある軽井沢は、雑穀しか育たない寒村にすぎなかったが、江戸時代に中山道が整備されると、街道筋の宿場町として栄えていった。現在の軽井沢町には、軽井沢、沓掛(中軽井沢)、追分の3つの宿場町が置かれ、浅間根腰の三宿と総称された。軽井沢宿は、難所の碓氷峠の登山口にあり、峠越えをする旅人で賑わった。現在の旧軽井沢銀座通りには、旅籠や茶屋が軒を連ねたという。三宿で最も賑わったのが、中山道の宿場で最高地点の標高約1000mにあった追分宿。中山道と北国街道の分岐にあり、大名行列や行商人、善光寺参りの人々が頻繁に往来した。

天明3年(1783)に起きた浅間山の大噴火では、溶岩や火山灰により、軽井沢の3つの宿場は大きな被害を受けた。明治17年(1884)に碓氷新道(旧国道18号)が開通すると、往来は徐々に減り始め、宿場町は衰退していった。

⬆軽井沢宿へ向かう旅人を描いた広重の浮世絵。焚火で一服する旅人たちの奥には、夜の闇に包まれつつある軽井沢の宿場町が見える。歌川広重『木曾街道六拾九次・軽井澤』〈国立国会図書館蔵〉

つるや旅館
→P.107
つるやりょかん
旧軽井沢 MAP 付録P.7 E-1

江戸時代初期、軽井沢宿で泊まり客や休憩客を相手にする旅籠として創業。食事どきには店先の縁台に料理が並べられ、腹ごしらえをする旅人たちで賑わったという。

⬆建物には和風のたたずまいが今も残る

↑明治末期～大正時代頃の旧軽井沢銀座。洋装姿の西洋人が往来し、通りには英語の看板が並んだ（写真提供：一彫堂ICCHODO）

↑ショーは明治6年(1873)に来日。避暑地・軽井沢を生んだ先駆者であり、「軽井沢の父」と呼ばれる

↑ディクソンは文科大学（現東京大学文学部）のイギリス人教授を務めた。教え子に夏目漱石がいる

19世紀 外国人たちの聖なる避暑地
異人たちの到来

**軽井沢の最初の避暑客は外国人宣教師たち
西洋の文化が入り込み、教会が建設された**

　軽井沢が再び賑わいを取り戻したのは、明治中期のことだった。明治19年(1886)、カナダ人宣教師アレキサンダー・クロフト・ショーが、友人のジェームス・メイン・ディクソンを伴って旅行中に軽井沢を訪れた。彼らは軽井沢の美しい自然と西欧に似た冷涼な気候にすっかり魅了され、「屋根のない病院」と称賛した。以来2人は、毎夏を軽井沢で過ごすことになる。ショーは旧軽井沢の民家を買い取って別荘とし、その後、洋式の別荘を高台の大塚山に建設した。友人のディクソンは旅籠の亀屋で家族とともに過ごしている。2人は、ほかの宣教師たちにも避暑地・軽井沢を紹介した。しだいに多くの外国人が訪れるようになり、外国人の別荘が次々と建設されていった。

　ショーは増加した外国人避暑客のために、祈りの場であるイギリス聖公会聖堂を建設する。宣教師とその家族が暮らす軽井沢には、清浄で善良なキリスト教的な西洋ムードが漂った。彼らは地元の日本人たちに、パンやジャム、チーズの作り方を教え、西洋の食文化を伝えた。街のメインストリート（旧軽井沢銀座通り）には、パン屋や乳製品店、靴屋など、外国人相手の店が賑やかに並んだ。キャベツやレタスなど、高冷地向きの西洋野菜の栽培方法も伝えられている。

ショーハウス記念館 →P.36
ショーハウスきねんかん
旧軽井沢 MAP 付録P.5 F-2

ショーが大塚山に建てた軽井沢第1号の別荘。ショー記念礼拝堂の敷地に復元されている。外観は和風だが内部は洋風。

↑外観は日本の民家風ながら、内部は洋風に改装

日本聖公会 軽井沢ショー記念礼拝堂 →P.36
にほんせいこうかい かるいざわショーきねんれいはいどう
旧軽井沢 MAP 付録P.5 F-2

明治28年(1895)にショーらが創設した軽井沢最古の教会、軽井沢基督教会が、昭和52年(1977)に現在の名称に。

↑建物は大正時代にほぼ現在の姿となった

外国人を魅了した軽井沢の気候

　標高1000m前後の軽井沢高原は、夏でも涼しい高冷地気候にある。8月の平均気温は東京より5.5℃低い20.5℃。夏に多い霧が、さらに体感温度を下げる。浅間山の眺望も良く、保養には最適の環境だ。実はショーより前に、イギリスの外交官アーネスト・サトウが軽井沢を旅している。明治14年(1881)に出版した自著『中部・北部日本旅行案内』で、軽井沢を避暑地向きの気候と紹介している。

↑アーネスト・サトウは幕末から約20年を日本で過ごし、通訳や英国公使などを歴任。日本各地を旅行した

高原に花開いたリゾートの今昔

軽井沢 ● 歴史

19世紀〜20世紀 高級避暑地軽井沢の誕生
華やかなリゾートへ

日本人上流階級に愛された大正から昭和前期
別荘地が広がり、瀟洒なリゾートが開発される

　日本人の別荘第1号は、海軍大佐の八田裕二郎が明治26年（1893）に所有している。同年、碓氷峠を越えるアプト式鉄道が開通し、東京からのアクセスが良くなると、日本人にも避暑地・軽井沢が注目され始める。当初の日本人避暑客は政財界人や知識人など上流階級の人々だった。万平ホテルや三笠ホテルなどの一流洋風ホテルや貸別荘が次々と営業を始めた。大正時代には大規模な別荘地開発が始まり、別荘地は旧軽井沢から西部や南部へと拡大する。別荘族たちはティーパーティに興じ、西洋風の優雅な避暑生活を謳歌した。テニスコートやゴルフ場などのスポーツ施設も整い、リゾート地・軽井沢の基盤が整うと、日本人の宿泊客が外国人客を上回るようになっていった。

　軽井沢が華やかなリゾート地へ変貌を遂げるなか、先駆者の外国人別荘族たちは、清浄な健康保養地の環境を守ろうと啓蒙活動を始め、軽井沢避暑団を結成する。避暑団理事長の宣教師ダニエル・ノーマンは、地元と外国人とのパイプ役を務めた。町づくりにも貢献し、親しみを込めて「軽井沢の村長さん」と呼ばれた。第二次世界大戦が始まると、軽井沢は外国人の疎開地となる。万平ホテルには、ソ連など複数の大使館が置かれた。

⊃大正初期に綱引きを楽しむ宣教師らと家族。彼らは「娯楽を人に求めず、自然に求めよ」を避暑生活のモットーとした

20世紀〜 通年楽しめる未来のリゾートへ
新しい時代の幕開け

幅広い層をひきつけるおしゃれな避暑地に
軽井沢の楽しみ方はますます広がっている

　終戦後、GHQ（連合国総司令部）がホテルや別荘を接収し、軽井沢は進駐軍の保養地となる。庶民のレジャーが盛んになった高度成長期には、憧れの避暑地・軽井沢へ多くの人々が訪れるようになった。皇太子時代の上皇陛下と美智子上皇后の出会いを生んだ「テニスコートのロマンス」で、軽井沢にテニスブームも生まれた。平成に入ると、大型ショッピングモールの軽井沢・プリンスショッピングプラザが駅の南にオープン。中軽井沢では星野リゾートが新たなラグジュアリー空間を誕生させた。北陸新幹線の開通で日帰り客も増え、通年過ごせる多目的リゾートに変貌を遂げている。

植林でつくられた軽井沢の自然

　明治頃までの軽井沢は、樹木のない荒涼とした草原が広がっていた。明治時代、実業家の雨宮敬次郎は、買い入れた広大な土地に約700万本のカラマツを植林した。その後も三笠ホテルを建てた山本直良、別荘地開発をした野沢源次郎ら実業家たちの手で次々と植林が行われ、現在のような森へと生長した。緑の木立に別荘が点在する美しい避暑地の姿は、計画的につくられたものなのだ。

⊃雨宮敬次郎は肺病の療養のため軽井沢を訪れたのを機に、軽井沢の植林事業に尽力した

万平ホテル ⊃P.105
まんぺいほてる
旧軽井沢 MAP 付録P.5 F-2

軽井沢宿の旅籠亀屋がディクソンらの助言を得て、明治27年（1894）に内部を西洋風に改装。軽井沢初の西洋式ホテルをスタートさせた。

⊃明治35年（1902）、現在地に移転して本格的な洋風ホテルに生まれ変わった

碓氷第三橋梁
うすいだいさんきょうりょう
碓氷峠 MAP 本書P.3 D-3

横川駅〜軽井沢駅間にあったアプト式鉄道時代の鉄道橋。明治26年（1893）から昭和38年（1963）の廃線まで利用された。通称めがね橋。
☎027-382-7622（安中市教育委員会文化財保護課）⊃群馬県安中市松井田町坂本地内

⊃現在は橋上が遊歩道になっている

⊃皇太子時代の上皇陛下と上皇后美智子さまが最初に出会ったのが、旧軽井沢銀座通りの裏にある軽井沢会テニスコートだった。昭和32年（1957）の夏のことで、翌年には婚約が発表された。御成婚後、毎夏を軽井沢で過ごされている（写真提供：土屋写真店）

星のや軽井沢 ⊃P.104
ほしのやかるいざわ
中軽井沢 MAP 付録P.9 E-2

大正初期に温泉旅館を始めた星野リゾートが、創業地に2005年にオープンした高級リゾート。新たな宿のスタイルを提案する。

⊃水と緑豊かな自然と和の安らぎが調和した極上のリゾートが広がる

軽井沢 歴史年表

西暦	元号	事項
縄文時代		住居跡や環状墓地群（現**茂沢の南石堂遺跡➡P.70**）などが分布
808	大同 3	『類聚三代格』に**長倉の牧➡P.70**の記事あり
1602	慶長 7	追分宿が誕生
江戸時代初期		**つるや旅館➡P.107**がこの頃創業
1783	天明 3	浅間山の大噴火。噴火により現**鬼押出し園➡P.59**ができる
1883	明治 16	雨宮敬次郎、官有地・民有地を買収して軽井沢の開墾・植林事業に着手
1884	17	碓氷新道の坂本〜軽井沢間の工事竣工
1886	19	A.C.ショーとディクソン、軽井沢を訪れる。A.C.ショーが軽井沢を避暑地として紹介。中山道東部線（高崎〜横川間）開通
1888	21	A.C.ショー、大塚山に別荘第1号（現**ショーハウス記念館➡P.36**）を建てる。直江津線（直江津〜軽井沢間）開通
1893	26	八田裕二郎が日本人最初の別荘を建てる。アプト式採用の碓氷線（横川〜軽井沢間、**碓氷第三橋梁➡P.72**）開通（1895年、信越線と改称）
1894	27	つるや旅館前にテニスコートが造られる。佐藤万平、亀屋旅館を**万平ホテル➡P.105**に改称
1895	28	軽井沢基督教会（現**日本聖公会 軽井沢ショー記念礼拝堂➡P.36**）建立。
1897	30	軽井沢合同基督教会（1906年より現**軽井沢ユニオンチャーチ➡P.37**）設立
1899	32	外国人の内地雑居が許可される
1902	35	万平ホテルが桜の沢（現在地）に移転
1905	38	日本基督教講義所（現**日本基督教団軽井沢教会➡P.37**）が設立
1906	39	三笠ホテル（現旧三笠ホテル）営業開始
1908	41	軽井沢彫家具店が出店（現**一彫堂 ICCHODO**、現**大坂屋家具店➡P.43**）。軽井沢滞在外国人によって軽井沢運動会が発足。A.C.ショー記念碑建立
1910	43	軽井沢全域で大洪水が起きる。沓掛駅（1956年に中軽井沢駅に改称）が開業
1911	44	軽井沢郵便局舎新築（建物は現**深沢紅子野の花美術館➡P.65**）
1914	大正 3	星野温泉旅館（現**星野温泉トンボの湯➡P.51**）開業
1915	4	W.M.ヴォーリズ、軽井沢にヴォーリズ合名会社別荘を建てる

西暦	元号	事項
1915	大正 4	野沢源次郎、野沢原一帯の土地分譲と貸別荘業を始める。ヴォーリズ、軽井沢に夏季事務所を設立、草津軽便鉄道（軽井沢〜小背間）開業
1916	5	別荘事業のあめりか屋、軽井沢に出張所開設。1923年頃までに多くの別荘が建つ。軽井沢避暑団結成、軽井沢憲法制定
1918	7	堤康次郎が千ヶ滝土地を購入、沓掛（現中軽井沢）地区開発に着手。軽井沢通俗夏季大学開講（1933年に休講、1949年に軽井沢夏期大学として再開）
1919	8	野沢源次郎が長尾原に軽井沢ゴルフ場建設を計画。近藤右衛門、碓氷峠見晴台付近を開発
1921	10	星野温泉で芸術自由教育講習会を開催
1922	11	避暑団の日本人有志により軽井沢集会堂建設
1923	12	東長倉村町制により軽井沢町発足。有島武郎が**浄月庵➡P.76**で波多野秋子と情死
1931	昭和 6	浅間山大噴火。馬越原に軽井沢競馬場建設
1933	8	アントニン・レーモンドが「軽井沢・夏の家」（建物は現**ペイネ美術館➡P.64**）を南ヶ丘に建築
1936	11	星野正三郎、塩壺温泉開業
1943	18	太平洋戦争に伴い、軽井沢が駐日外国人の強制疎開地に指定される
1949	24	軽井沢高原・志賀高原を中心に上信越高原国立公園に指定。軽井沢夏期大学再開
1950	25	浅間山大噴火
1952	27	万平ホテルと三笠ホテル、GHQ接収から解除
1960	35	沓掛区を中軽井沢に改称
1961	36	日本初の屋外人工雪スキー場・軽井沢プリンスホテルスキー場建設。塩沢湖完成
1962	37	草軽電気鉄道廃止。室生犀星文学碑建立
1980	55	旧三笠ホテルが町に贈与される
1985	60	ショー記念胸像除幕式。**軽井沢高原文庫➡P.65**開館
1993	平成 5	町花サクラソウ、町木コブシ制定
1995	7	**軽井沢・プリンスショッピングプラザ➡P.60**開業
1997	9	長野新幹線開業。在来線廃止、しなの鉄道開業
2003	15	町鳥アカハラ、町獣ニホンリス制定
2005	17	**星のや軽井沢➡P.104**開業
2008	20	**睡鳩荘➡P.64**塩沢湖畔に移築。軽井沢別荘団体連合会設立
2009	21	**ハルニレテラス➡P.49**オープン

高原に花開いたリゾートの今昔

73

避暑地に集う政財界や文壇の重鎮
美しい村を愛した文化人

文人や要人の集う夏の軽井沢は華やかな社交場だった。文人たちは快適な環境のなかで思索にふけり、創作活動に没頭した。

華やかな社交のサロン、三笠ホテルの開業

　実業家の山本直良は明治39年（1906）、軽井沢に純西洋風建築の三笠ホテルを開業した。華麗な装飾や調度、一流のサービスは、軽井沢を訪れていた外国人や日本の華族、政財界人ら上流階級の人々の間で評判を呼んだ。夜な夜なパーティや音楽会が催され、「軽井沢の鹿鳴館」と呼ばれるほど優雅な夏の社交場となった。

　直良の妻・愛子が作家・有島武郎の妹だったため、有島もたびたびホテルを訪ねている。弟の里見弴や志賀直哉らも顔を見せるようになり、ホテルは白樺派のサロンとなった。明治から昭和にかけては、室生犀星や芥川龍之介、堀辰雄など、多くの芸術家に三笠ホテルは愛された。夏限定の営業だったこともあり採算がとれず、昭和45年（1970）にホテルの歴史に幕を閉じた。

⬆有島武郎は志賀直哉らと文芸誌『白樺』を創刊。『カインの末裔』『或る女』などを著す（写真提供：軽井沢高原文庫）

高原で始まった、文化人による開かれた活動

　冷涼な夏の軽井沢は、勉学に励むのに最適な環境だ。しかも、多くの知識人や文化人が避暑に訪れる。彼らを講師に迎えたサマーセミナーが、大正時代より開催された。

　政治家・後藤新平は、農学博士で法学博士の新渡戸稲造を学長に迎え、大正7年（1918）に軽井沢通俗夏季大学を開講する。南原に講堂を建設し、政治学者の吉野作造や演出家・小山内薫ら一流講師陣による文化講演と英語の講義を実施。日本各地から多くの学生や社会人が聴講に訪れた。

　大正10年（1921）には、西欧に留学経験のある画家の山本鼎が、詩人・北原白秋や宗教家・内村鑑三らとともに、芸術自由教育講習会を始めた。思想や宗教にとらわれない自由な表現の場とされ、星野温泉の材木小屋を会場に島崎藤村や童話作家・巖谷小波、内村鑑三らが講師となった。

　2つのセミナーは、軽井沢が万人に開かれた自由教育の場、芸術文化の街というイメージを築いた。軽井沢通俗夏季大学は、軽井沢夏期大学の名で今も続けられている。

⬇三笠ホテル開業当時の明治末頃に開かれた記念パーティの模様。豪華なシャンデリアの下がるダイニングに和洋の盛装の人々が集った。左端が近衛文麿、左から4番目の立派な口髭の紳士がホテル創業者・山本直良。里見弴と有島武郎（右から4・5番目）の姿も見える（写真提供：土屋写真店）

軽井沢●歴史

スターの看板を外してジョンが心を解放した軽井沢の日々

ジョン・レノンの足跡をたどる旅

世界的人気ロックバンド、ビートルズのジョン・レノンも、軽井沢を愛した著名人のひとりだった。避暑地でのジョンは、ひとりの父親、夫に戻り、家族とともにリラックスした休息の日々を過ごした。

ジョンの思い出があふれる軽井沢

ジョン・レノンが初めて軽井沢を訪れたのは昭和52年（1977）。音楽活動を休止して、息子ショーンの子育てに専念中のときだった。軽井沢を気に入ったジョンは、妻のヨーコとショーンとともに、昭和54年（1979）までの毎夏を軽井沢で過ごす。一家の定宿は、カラマツ林に囲まれた洋館の万平ホテル。3人は毎日のようにホテルからサイクリングに出かけ、軽井沢の自然を満喫した。途中、フランスベーカリーでお気に入りのバゲットを買い、田沢通りの喫茶店・離山房のあずま屋で昼寝をするのがジョンの日課だった。Tシャツに短パン、麦わら帽子というラフな格好でくつろぐジョンを地元の人たちはそっと見守った。昭和55年（1980）、ジョンは渡米中に銃弾に倒れて帰らぬ人に。ゆかりの地には、素顔で避暑を楽しむジョンの写真が飾られている。

↑フランスベーカリーに飾られている、バゲットを買いに訪れたジョンの写真

↑離山房を訪れたジョン一家。元オーナー夫人と一緒に撮影

↑離山房に飾られている、ジョンの描いた一家のイラスト。右下の小さなショーン君に注目

ジョン・レノンゆかりのスポット
ジョンがお気に入りだったあの場所を巡礼する。

一家が休暇を楽しんだ軽井沢の定宿
万平ホテル ➡ P.105
まんぺいホテル
旧軽井沢 MAP 付録P.5 F-2

ジョンはカフェのロイヤルミルクティーを毎朝飲んだという。ホテルの壁の隙間に落ちた子猫をジョンが救出するというエピソードも残る。滞在したアルプス館は今も人気だ。

↑一家が泊まったアルプス館

ジョンお気に入りのくつろぎスポット
離山房 ➡ P.90
りざんぼう
南軽井沢 MAP 付録P.10 C-2

ジョンはブレンドコーヒー、ショーンはブルーベリージュースを好んで飲んだ。ジョンが亡くなる前年に、店に置き忘れたライターは、7年後にふらりと訪ねたヨーコに手渡された。

↑元オーナー撮影による何枚ものジョンの写真に、交流の深さが感じられる

ジョンの舌を満足させたフランスパン
フランスベーカリー
➡ P.94
旧軽井沢 MAP 付録P.7 D-2

旧軽井沢銀座通りにあるベーカリーに、毎日のサイクリングの途中に立ち寄った。彼の好きだったフランスパンは店の人気商品。

↑店内には、自転車で店に立ち寄った際のジョンの写真が飾られている

ジョンが一家で訪れたコーヒー店
**ミカド珈琲
軽井沢旧道店** ➡ P.41
ミカドこーひー かるいざわきゅうどうてん
旧軽井沢 MAP 付録P.6 C-3

ジョンが妻のヨーコと幼いショーンとともに、家族でコーヒー豆を買いにたびたび訪れた店。

↑コーヒー豆の販売のほか、喫茶スペースも備えている

美しい村を愛した文化人

作品の舞台、執筆の場、文学者が集まった軽井沢

明治中頃より、多くの文人たちが夏の軽井沢を仕事の場とした。心地よい緑の小径を散策しながら思索にふけり、創作活動に打ち込んだ。作家の室生犀星は、大正9年（1920）に初めて軽井沢を訪れた。旧軽井沢のつるや旅館を定宿とし、のちに大塚山の麓に純和風の山荘を建てた。堀辰雄や志賀直哉、川端康成ら多くの文人が山荘に訪れている。堀辰雄は、室生の誘いで大正12年（1923）に来訪して以来、信濃追分や旧軽井沢で毎夏を過ごした。芥川龍之介らと交流しながら、『風立ちぬ』や『聖家族』など、軽井沢が舞台の小説を数多く発表する。『美しい村』には、堀のお気に入りの散策路・ささやきの小径を婚約者だった矢野綾子と仲良く歩くシーンが登場する。堀に師事した詩人の立原道造は、信濃追分の油屋旅館を定宿とした。早逝の天才詩人が遺した詩の多くは、彼の愛した信濃追分を詠んだものだ。

室生や堀とも交友のあった川端康成は、ハッピーバレーに建つ外国人別荘を購入し、毎夏を過ごした。軽井沢ユニオンチャーチから諏訪の森へ続く道が定番の散策コースだったという。堀辰雄は川端の山荘で『風立ちぬ』の最終稿を書き上げている。

有島武郎は、三笠ホテル近くの別荘「浄月庵」で毎夏を過ごし、『生まれ出づる悩み』などを執筆。心中事件を起こし、軽井沢で没した。ほかにも森鷗外や夏目漱石、谷崎潤一郎など多くの作家が滞在し、戦後は石坂洋次郎や柴田錬三郎、吉川英治、井上靖らが別荘を構えている。

↑ 金沢出身の詩人・小説家の室生犀星は、小説『杏っ子』で読売文学賞を受賞した（写真提供：軽井沢高原文庫）

↑ 昭和初期に活躍した小説家の堀辰雄。青年時代から軽井沢を何度も訪れ、小説の舞台とした（写真提供：軽井沢高原文庫）

世間を驚かせた有島武郎の心中事件

人気作家だった有島武郎は、大正12年（1923）6月9日、『婦人公論』の女性記者で人妻の波多野秋子と、軽井沢の別荘「浄月庵」で縊死を遂げる。発見されたのは約1カ月後で、新聞各紙は人気作家の心中事件をセンセーショナルに報じた。跡地には有島の弟・生馬の筆による「有島武郎終焉地」の石碑がある。

浄月庵
じょうげつあん

南軽井沢 MAP 付録P.10 B-3

有島の父・武が明治末期に建てた別荘。大正5年（1916）から、武郎は毎夏をこの別荘で過ごしていた。

↑ 別荘は三笠から軽井沢高原文庫に移築された

軽井沢ゆかりの文学者

夏の軽井沢を過ごした文人たちは、互いの定宿や別荘を行き来して過ごした。交流の様子は作品にも描かれている。

有島武郎（ありしまたけお）　明治11年〜大正12年（1878〜1923）
白樺派の中心人物だった小説家の有島は、大正5年（1916）から軽井沢に通い、通俗夏季大学の講師も務めた。『小さき影』や『信濃日記』に、夏の軽井沢での体験を描いている。

片山廣子（かたやまひろこ）　明治11年〜昭和32年（1878〜1957）
アイルランド文学翻訳家で歌人。廣子と娘の総子は、芥川龍之介や堀辰雄と軽井沢で交流を深めた。4人の人間模様が、堀辰雄の『聖家族』や『菜穂子』などのモチーフとなった。

正宗白鳥（まさむねはくちょう）　明治12年〜昭和37年（1879〜1962）
自然主義を標榜する小説家で劇作家。昭和15年（1940）に雲場池の近くに別荘を構えた。軽井沢で疎開生活を送り、戦後に軽井沢を舞台にした小説『日本脱出』を発表した。

北原白秋（きたはらはくしゅう）　明治18年〜昭和17年（1885〜1942）
詩人で歌人の白秋は、大正10年（1921）に芸術自由教育講習会の講師に招かれて星野温泉に来訪。落葉松の林を散策し、名作『落葉松』の詩を誕生させた。中軽井沢に詩碑がある。

野上彌生子（のがみやえこ）　明治18年〜昭和60年（1885〜1985）
英文学者の夫と北軽井沢の別荘で夏を過ごし、戦後は春から秋まで暮らした。軽井沢を舞台に小説『迷路』を著した。別荘の離れにあった書斎を軽井沢高原文庫に移築。

室生犀星（むろうさいせい）　明治22年〜昭和37年（1889〜1962）
詩人で小説家。当初、定宿としていた旧軽井沢のつるや旅館で、芥川龍之介と隣部屋となった思い出を随筆『碓氷山上之月』に記した。自伝的小説『杏っ子』も軽井沢が舞台。

芥川龍之介（あくたがわりゅうのすけ）　明治25年〜昭和2年（1892〜1927）
小説家。大正13年（1924）と同14年（1925）の2回、室生犀星の誘いでつるや旅館に逗留し、堀辰雄や萩原朔太郎、憧れの女性・片山廣子と交流する。その後昭和2年（1927）に自殺を遂げる。

川端康成（かわばたやすなり）　明治32年〜昭和47年（1899〜1972）
小説『雪国』の文芸懇話会賞受賞の賞金で昭和12年（1937）にハッピーバレーの山荘を購入。のちに隣の外国人山荘を買い上げる。堀辰雄、室生犀星らと親交を深めた。

堀辰雄（ほりたつお）　明治37年〜昭和28年（1904〜53）
『美しい村』『菜穂子』など軽井沢を舞台にした多くの作品を残したゆかりの深い作家。結核の療養を続けながら、最期は妻と暮らした信濃追分の自宅で49年の生涯を閉じた。

立原道造（たちはらみちぞう）　大正3年〜昭和14年（1914〜39）
四季派の若き詩人・立原道造は昭和9年（1934）、初めて軽井沢に訪れ、信濃追分での体験を綴った詩「村ぐらし」で文壇デビューする。その5年後、24歳の若さで生涯を閉じた。

朝吹登水子（あさぶきとみこ）　大正6年〜平成17年（1917〜2005）
フランソワーズ・サガンの翻訳で知られるフランス文学者。父は実業家の朝吹常吉。著書『私の軽井沢物語』に、大正から昭和期に経験した軽井沢での優雅な別荘生活を記した。

ミュージアムで知る文学者の軌跡

多くの文人たちが愛し、数々の作品に描かれた避暑地・軽井沢。彼らの足跡を伝えるミュージアムには、文人たちの軽井沢での暮らしぶりと、それぞれの物語世界が大切に残されている。

軽井沢高原文庫 ➡P.65
かるいざわこうげんぶんこ

ゆかりの文人をまとめて紹介

軽井沢にゆかりのある作家や詩人の自筆原稿や書簡、蔵書、写真などを展示。庭内には堀辰雄の山荘、有島武郎の別荘、野上弥生子の書斎兼茶室が移築され、内部を公開している。近くの塩沢湖畔には、フランス文学者・朝吹登水子が過ごした優雅な洋館・睡鳩荘がたたずむ。

南軽井沢 MAP 付録P.10 B-3

↑文学ゆかりの地を歩く「文学散歩」や朗読会などのイベントもある

↑堀辰雄がアメリカ人から購入した旧軽井沢の1412番山荘

↑北軽井沢の野上弥生子の別荘の離れにあった書斎兼茶室

室生犀星記念館
むろうさいせいきねんかん

往時の面影を残す和風建築

室生犀星が昭和6年(1931)に建て、亡くなる前年まで夏を過ごした旧居。建物は改修され、記念館として公開している。犀星が自ら築いたという昔むす庭も風情がある。

旧軽井沢 MAP 付録P.7 E-2
☎0267-45-8695(軽井沢町教育委員会)
所 軽井沢町旧軽井沢979-3 開9:00～17:00
休11月上旬～4月下旬 料無料 交JR軽井沢駅から町内循環バス東・南廻り線内回りで4分、旧軽井沢下車、徒歩10分 Pなし

↑洋風を好まなかった犀星が建てた平屋造り純和風の建物

↑記念館へと続く細い小径は「犀星の径」と呼ばれている

堀辰雄文学記念館 ➡P.109
ほりたつおぶんがくきねんかん

晩年を過ごした地に建つ

堀辰雄の終焉地となった追分に建つ記念館。原稿や書簡、遺品などを展示し、堀辰雄の生涯を紹介している。堀が亡くなるまで暮らした旧宅や蔵書を収めた書庫もある。

信濃追分 MAP 付録P.12 B-1
☎0267-45-2050 所軽井沢町追分662
開9:00～17:00(入館は～16:30) 休水曜(祝日の場合は開館) 料400円(追分郷土館と共通) 交しなの鉄道・信濃追分駅から徒歩25分 P15台

↑昭和19年(1944)から、結核の療養を兼ねて追分に定住した

↑堀辰雄の旧宅には、当時の暮らしぶりが再現されている

美しい村を愛した文化人

文学者ゆかりの宿 (明治・大正期には旅館で創作に打ち込む文人が多かった。)

名だたる文豪たちが逗留した文士の宿

つるや旅館 ➡P.107
つるやりょかん

→再建後は柴田錬三郎や遠藤周作が滞在

旧軽井沢 MAP 付録P.7 E-1

軽井沢宿の旅籠として誕生した宿は、明治中期以降、多くの文人が定宿とした。大正期以降は、島崎藤村や室生犀星、堀辰雄、芥川龍之介など、多くの文豪の仕事場となった。昭和46年(1971)に火災で焼失。翌年、昔の面影を残す純和風の宿として再建され、今も当時の場所で営まれている。

静寂の場を求めた文士・学者が定宿とした

信濃追分文化磁場 油や ➡P.108
しなのおいわけぶんかじば あぶらや

→春から秋に宿泊の予約も受けている

信濃追分 MAP 付録P.12 B-1

油屋旅館の昭和初期の建物を活用した多目的文化施設。昭和13年(1938)築の建物を生かしながら、軽井沢追分地区の町おこしを行うプロジェクトが、2013年に開設・運営している。旅館時代には、追分の静かな環境を求めて、堀辰雄や立原道造、加藤周一などが定宿とした。

文学者ゆかりの地をたどる

軽井沢と信濃追分に今も残る、作家たちの痕跡

作家の業績を讃える文学碑や、執筆や社交の場となった宿、夏を過ごした別荘など、街の随所に残る文学の舞台を訪ねてみたい。

↑創業時の星野温泉。当時は草津温泉の仕上げ湯といわれた

↑信濃追分の分去れの碑の前に並ぶ軽井沢を愛した作家たち。左から川端康成、堀辰雄、一人おいて室生犀星、河上徹太郎(写真提供:軽井沢高原文庫)

与謝野寛・晶子夫妻歌碑
よさのひろし・あきこふさいかひ
星野温泉明星館に滞在し、多くの歌を残した歌人、与謝野寛・晶子。昭和46年(1971)当時の星野温泉当主、星野嘉助が明星の池のほとりに歌碑を建立した。

星野温泉 トンボの湯 → P.51
ほしのおんせん トンボのゆ
大正4年(1915)、星野温泉として開湯。北原白秋、島崎藤村などが逗留し、数々の名作を執筆。「芸術自由教育講習会」を開催した。

軽井沢野鳥の森
P.24

北原白秋の歌碑
きたはらはくしゅうのかひ
星野温泉で開かれた「自由教育夏季講習会」講師として参加した北原白秋。落葉松の林を散策中、『落葉松』が生まれたといわれている。自然石の大石に『落葉松』の詩が彫られている。

信濃追分文化磁場 油や → P.108
しなのおいわけぶんかじば あぶらや
江戸時代、追分宿の脇本陣を務め、移転ののちに作家や知識人に愛された宿。堀辰雄は、自宅を建てる前まで、ここに滞在し執筆を行っていた。

堀辰雄文学記念館 → P.77/P.109
ほりたつおぶんがくきねんかん
軽井沢をこよなく愛した作家、堀辰雄の文学館。原稿や書簡、初版本などの品々の展示のほか、作家の生涯を知ることができる展示室、晩年を過ごした住居、愛蔵書を納めた書庫がある。

芭蕉句碑
ばしょうくひ
『更級紀行』にある「ふきとばす石も浅間の野分かな」という句が刻まれている。

睡鳩荘 → P.64
すいきゅうそう
ヴォーリズの設計による朝吹常吉の別荘。のちに、常吉の長女である朝吹登水子が夏場を過ごすための山荘として使用していた。

一茶句碑
いっさくひ
諏訪神社の境内に「有明や 浅間の霧が 膳をはふ」と刻まれた句碑がある。

立原道造詩碑
たちはらみちぞうしひ
公民館の玄関前の壁に、立原道造の『村はづれの歌』が刻まれている。

軽井沢高原文庫 → P.65
かるいざわこうげんぶんこ
室生犀星、堀辰雄、立原道造など、軽井沢にゆかりの深い作家の資料を展示。睡鳩荘、浄月庵、堀辰雄山荘など、移築された建物にも注目したい。

↑上流階級の人々が集まった旧三笠ホテル（2024年3月まで保存修理工事のため休館）

➡山荘（1412番山荘）でくつろぐ堀辰雄・多恵夫妻。『美しい村』に登場する別荘としても知られている。現在は移築された軽井沢高原文庫で見学することができる（写真提供：軽井沢高原文庫）

室生犀星文学碑
むろうさいせいぶんがくひ
昭和34年（1959）に『かげろうの日記遺文』が野間文芸賞を受賞したことを記念して、自ら設計、建立した。

旧三笠ホテル
きゅうみかさホテル
有島武郎から白樺派の作家や政財界の要人が社交に訪れた名門ホテル。

芭蕉句碑
ばしょうくひ
『野ざらし紀行』の「馬をさへ眺むる雪のあした哉」という句が刻まれている。

有島武郎終焉地碑
ありしまたけおしゅうえんちひ
大正12年（1923）、有島武郎が情死した三笠の別荘・浄月庵跡に建てられた碑。浄月庵は軽井沢高原文庫敷地内に移築されている。

正宗白鳥文学碑
まさむねはくちょうぶんがくひ
六本辻付近に別荘を構え、軽井沢を愛した正宗白鳥の筆で、愛唱したギリシャの詩が十字形のスウェーデン産黒御影石に刻まれている。

▲一ノ字山
熊野皇大神社 P.45
旧碓氷峠・
P.27/P.45 見晴台 ★

つるや旅館 ➡ P.107
つるやりょかん
中山道の旅籠の面影を残し、旧軽井沢で唯一江戸時代と同じ場所で営業。大正時代に多くの作家が滞在した。

★ 三笠通り P.34

旧軽井沢銀座通り ★ P.38

万葉歌碑
まんようかひ
昭和42年（1967）、軽井沢町により建立。碓氷峠の歌が2首刻まれている。

長野県
軽井沢町

▲離山

室生犀星記念館 ➡ P.77
むろうさいせいきねんかん
昭和6年（1931）築。亡くなる前年の昭和36年（1961）まで毎夏を過ごした。

本軽井沢
六本辻
・東雲

タゴール記念像
タゴールきねんぞう
大正5年（1916）、インドの詩人タゴールが軽井沢に滞在し日本女子大の修養会で講義を行ったことを記念し、生誕120年にあたる昭和55年（1980）に建立。

碓氷峠

18 軽井沢駅
北陸新幹線

万平ホテル ➡ P.105
まんぺいホテル
明治時代、旅籠だった亀屋を欧米風のホテルに改装。室生犀星や堀辰雄、三島由紀夫などの文人も宿泊し、ジョン・レノンら海外の著名人をも魅了した軽井沢を象徴するホテル。

群馬県
安中市

文学者ゆかりの地をたどる

↑追分に定住した翌年の昭和20年（1945）、分去れの碑の前に立つ堀辰雄。油屋旅館隣に家を借り、亡くなる2年前の同26年（1951）に新居を構えた（写真提供：堀辰雄文学記念館）

➡文士の宿として知られるつるや旅館に残された北原白秋（左）と芥川龍之介（右）が描いた似顔絵。館内には文豪たちの写真なども展示されている

79

| GOURMET
| 食べる

味噌のクリームソースやバジルソースなどで味わう魚料理「鯉と胡瓜」

特選! フレンチ&イタリアン
上質が宿る美食のテーブルにて

西洋からもたらされた食文化は、鋭い舌を持つ別荘族によって育まれ、磨かれてきた。本物を知るグルメが集まる軽井沢の確かな名店へご招待。

軽井沢●食べる

信州の水の恵みが育んだ食材が光るフランス料理「水のジビエ」

| フランス料理 |

ブレストンコート ユカワタン
ブレストンコート　ユカワタン

中軽井沢 MAP 付録P.9 E-3

軽井沢ホテルブレストンコートのメインダイニング。繊細な料理は日本の自然美と四季の移ろいを表す。季節の食材の素晴らしさを生かした料理を同じ土地で育つワインや日本酒と合わせて。

☎050-5282-2267
所 軽井沢町星野 軽井沢ホテルブレストンコート敷地内　営 17:30〜（完全予約制）　休 無休　P 160台
交 JR軽井沢駅から車で15分

| 予約 要
| 予算 D 2万4200円〜

おすすめメニュー
ディナーコース 2万4200円

↑ゆとりある店内はシェフの目が行き届く全9卓24席

↑四季折々に変化する自然が目の前に広がる

↑日本人の自然を愛でる心を受け継いだ料理の数々。野菜や肉はもちろん、川魚やフルーツなども地のものにこだわり、上質な食材を取り入れている（食材は仕入れ状況により変わる）

味わい深い信州の新鮮野菜と
産地の旬の素材をコースで堪能

フランス料理

エルミタージュ ドゥ タムラ

南軽井沢 MAP 付録P.10 C-2

軽井沢を代表する名店で田村良雄シェフから弟子の大塚哲也シェフに引き継がれた。地元はもちろん、旬の素材を豊かな経験と発想で料理し、どの季節も印象的な一皿に出会える。

☎0267-44-1611
所 軽井沢町長倉820-98
営 11:30～13:00 17:30～19:00(LO)
休 不定休(月・火曜中心)、1月下旬～2月
予約 要
予算 L 1万8000円～ D 2万円～
交 JR軽井沢駅から車で10分 P 7台

おすすめメニュー
ランチのおまかせコース 1万8150円
ディナーのおまかせコース 2万1780円

↑身の締まった神経締めのアジのマリネを柑橘のジュレとともに

↑緑の木々に包まれた隠れ家的な空間

↑店内は北欧調の空間にリニューアル

↑木洩れ日が心地よいガラス張りのテラス席

↑天竜川から届く稚鮎をフリットに仕立てた一皿

テーマは「自然体で味わうフレンチ」
一軒家レストランでくつろぎの時間を

フランス料理

シェ草間

シェくさま

軽井沢駅周辺 MAP 付録P.5 D-4

予約 要
予算 L 5000円～ D 1万円～

フランスの名だたる有名店で修業を重ねた草間文高シェフのレストラン。地元の新鮮野菜、信州牛、信州サーモンと地元食材にこだわったコース料理を提供。長野県産ワインも充実。

☎0267-46-9123
所 軽井沢町軽井沢1265-15
営 11:30～14:30(LO13:00) 17:30～21:30(LO20:00)
休 水・木曜、7～9月木曜
交 JR軽井沢駅から徒歩15分／車で5分 P 11台

↑木のぬくもりあふれる、くつろぎの空間

↑信州サーモンを使った美しい前菜メニュー

↓コース「ムニュ ナチュレル」で選べる「信州牛ほほ肉のロースト 赤パプリカのグリビッシュソース」

おすすめメニュー
ランチコース 5060～1万1880円
ディナーコース 7370～1万6500円
※すべてサービス料別

↓樹齢約100年の山桜に抱かれた一軒家レストラン

↓県外から常連客が多く訪れる軽井沢の名店

上質が宿る美食のテーブルにて

伝統の技と和の調味料が融合
シェフのアイデア光る極上フレンチ

フランス料理

無彩庵 池田
むさいあん いけだ

南軽井沢 **MAP** 付録P.10 C-2

予約 望ましい
予算 L 6000円～
D 9000円～

地元生産者とのつながりを大切に、シェフ自ら食材を吟味。軽井沢近郊の有機野菜を中心に和の調味料を組み合わせ、伝統的なフレンチの技で仕上げる遊び心あふれる料理が評判。

☎ 0267-44-3930
所 軽井沢町長倉1891-50
営 11:30～15:00(LO13:00)、17:30～22:00(LO20:00)
休 火曜(祝日の場合は営業)、2月
交 JR軽井沢駅から車で10分
P 5台

おすすめメニュー
4950円のランチコース 4950円
1万4300円のランチ&ディナーコース 1万4300円
3種のグラスワインセット 4400円
※すべてサービス料別

↑軽井沢の自然を眺めながらリラックスした時間を過ごせる

↑カウンター正面に木立の景色を映すステンレスの壁がある設計

↑前菜、メイン、デザートをそれぞれ3～5種類のなかから選べる7150円のランチコース(サービス料別)

←エントランスへ続くアプローチ。木々や花、山菜が季節ごとに彩りを添えて迎えてくれる

オーベルジュ・ド・プリマヴェーラの
ロティスリーで肉と野菜を堪能

フランス料理

レストラン ピレネー

軽井沢駅周辺 **MAP** 付録P.8 A-2

大きな暖炉でじっくり炙る肉料理と、自家農園をはじめ旬の野菜をふんだんに使った味わい豊かなメニューが楽しめる。香ばしい香りやジューシーな焼き上がりを堪能したい。

☎ 0267-41-3339
所 軽井沢町軽井沢1181-8
営 12:00～14:30、17:00～21:30
休 木曜(夏季は無休)
交 JR軽井沢駅から徒歩15分
P 14台

予約 望ましい
予算 L 3000円～
D 6000円～

↑隣接するセラーには7000本のワインが時を待つ。セラーからのチョイスも可

↑↑暖炉で焼き上げる若鶏のほか、長野飯田産千代幻豚や信州牛などもある

おすすめメニュー
暖炉焼きランチセット 2150円～
暖炉焼きディナーコース 4990円～
※すべてサービス料別

←四季の風景を楽しめるテラス席はペットもOK

軽井沢 ● 食べる

季節の移ろいを感じる風景のなかで
一皿一皿が五感を刺激する

[フランス料理]

Auberge de Primavera
オーベルジュ ド プリマヴェーラ

軽井沢駅周辺 MAP 付録P.8 B-3

自家農園の朝採りの野菜や、地元産の肉など季節の素材を生かした料理がいただける。宿泊はもちろん、ランチをゆっくり楽しんでから半日滞在するデイユースという利用法も。

☎ 0267-42-0095
所 軽井沢町軽井沢1278-11
営 12:00～13:45 17:30～21:00
休 不定休　交 JR軽井沢駅から徒歩10分　P 15台

予約 望ましい
予算 L 5000円～／D 1万2000円～

→ メイン料理の一例「仔牛のピカタ」。ソースの照りからも仕事のていねいさが見て取れる

おすすめメニュー
ランチA 3900円／ランチB 7800円
ディナー 9800円／スペシャル 1万5000円
※すべて税・サービス料別

→ 春の前菜の一例「北信州みゆきグリーンアスパラガスのブルーテ」。旬の味わいが伝わる

→ デザートの一例「木いちごのミルフィーユ」。お皿に絵を描いたような盛り付けも美しい

↑ 1996年オープン。軽井沢フレンチの草分け　↑ 2016年春リニューアルの全9室がジュニアスイート　↑ 池のある中庭に臨むレストラン

絶品イタリアンが評判の
森の中の一軒家レストラン

[イタリア料理]

レストラン モデスト

中軽井沢 MAP 付録P.9 D-4

2008年創業。上田市出身の堀内耕太オーナーは東京の有名店で修業し独立。軽井沢の高原野菜など季節の素材を生かし、体にやさしく見た目も美しい料理がいただける。

☎ 0267-31-5425
所 軽井沢町長倉3430-5
営 12:00～13:30 17:30～20:30　休 水曜（夏季・冬季は不定休）　交 しなの鉄道・中軽井沢駅から徒歩12分　P 6台

予約 望ましい
予算 L 3000円～／D 5000円～

おすすめメニュー
ランチコース 4000円～
ディナーAコース 5700円
※すべて税別、ディナータイムはサービス料別

↑ ホタテ貝とアスパラガスのソテーをバルサミコ酢のソースで。添えてあるのはパルメザンチーズのスライス

↑ チョコレートで包んだハチミツジェラートはナッツとラムレーズン風味

↑ シェフの父の描いた絵が飾られており、空間に彩りを添えている

→ 2013年に現在地に移転。テラス席も用意されている

→ シンプルモダンなインテリアが配された美術館のような店内

上質が宿る美食のテーブルにて

軽井沢 ● 食べる

パスタのソースも新鮮サラダも
一皿ごとに野菜のおいしさが際立つ

イタリア料理

Ristorante Pietrino
リストランテ ピエトリーノ

軽井沢駅周辺 **MAP** 付録P.8 B-2

毎朝シェフが買い付ける地場産の野菜を使った料理は季節ごとに味も色彩も豊か。自家製手打ちパスタなど手間ひまかけた料理が評判。

☎ 0267-46-8499
所 軽井沢町軽井沢1151-5　営 ランチ11:30～14:00 ディナー17:30～20:00
休 月・火曜　交 JR軽井沢駅から徒歩7分
P 20台

「軽井沢ニューアートミュージアム」に併設

↑写真の手打ちスタンプパスタはディナーのみの提供

↑開放的な吹き抜けが気持ちのよいテーブル席。美術鑑賞の前後に立ち寄りたい

予約 望ましい
予算 L 1600円～　D 3000円～

おすすめメニュー
手打ちスタンプパスタ
クロゼッティ
～千曲の川魚とリコッタ
チーズのシチリア風　1540円

↑カフェのみでの利用もOK

生産者と顔が見える関係を築き
地産地消を貫く料理を提供

イタリア料理

森の中のレストラン こどう
もりのなかのレストラン こどう

南軽井沢 **MAP** 付録P.10 C-2

信州峯村牛や地鶏真田丸、佐久鯉の清流魚など、長野県が誇る極上の食材を盛り込んだ料理が楽しめる。ランチはパスタやピザなどカジュアルに、夜はゆったりコース料理で信州の味覚を堪能したい。

☎ 0267-46-5510
所 軽井沢町塩沢702
営 11:30～15:30(L14:30) 18:00～22:30(L020:00)　休 火曜(祝日の場合は翌日)
交 JR軽井沢駅から車で15分　P 30台

予約 望ましい
予算 L 1500円～　D 5000円～

↑木のぬくもりあふれる落ち着いた空間でゆったり食事ができる

↑コースのメインには、信州峯村牛を使用

↑地元の新鮮な野菜をコースの前菜に

おすすめメニュー
ランチセット　2000円
こどうディナー　5000円～
※ディナータイムは税・サービス料別

朝採り野菜とチーズがたっぷり
素材の旨みを引き出したイタリアン

イタリア料理

アダージオ

中軽井沢 **MAP** 付録P.10 B-1

湯川ふるさと公園のそばにある地元でも人気の店。コースのパスタ料理は約10種類から選べる。農家直送の有機野菜を使った料理は素材の味を生かしたやさしい味わい。

☎ 0267-41-0228
所 軽井沢町長倉2792-2　営 11:30～14:00(LO) 17:30～20:30(LO)
休 木曜(祝日の場合は営業)、2月に冬季休業あり　交 しなの鉄道・中軽井沢駅から徒歩10分　P 7台

予約 望ましい
予算 L 2000円～　D 4000円～

↑渡りガニのトマトクリームスパゲティーニ(左)、地物野菜のバーニャカウダ(右)

↑ランチCコース(5000円)のメイン、信州産牛フィレ肉のタリアータ仕立て。魚料理も選べる

おすすめメニュー
ランチAコース　2200円
バーニャカウダ　1600円
マルゲリータ　1600円
※ディナータイムはサービス料10%別

洗練ホテルと自然に溶け込むカフェ、その日の気分で選びたい
リゾートの朝のおもてなし

やわらかな光が満ちる軽井沢の爽やかな朝。
一日の始まりに訪ねたい、朝食の有名店はこちら。

優雅な避暑地にふさわしいコース仕立ての朝食

軽井沢ホテルブレストンコート
ノーワンズレシピ
かるいざわホテルブレストンコート ノーワンズレシピ
中軽井沢 MAP 付録P.9 E-3

軽井沢ホテルブレストンコートの朝食専用レストラン。ブルターニュ地方にならい、そば粉のクレープと好相性のリンゴの発泡酒シードルも提供。

☎0267-46-6200
（軽井沢ホテルブレストンコート）
所 軽井沢町星野 軽井沢ホテルブレストンコート内 営7:00～9:30（宿泊者限定）
交 JR軽井沢駅から無料シャトルバスで20分 P160台

↑窓辺のテーブル席にはさわやかな森の朝日が差し込む

↑季節の野菜に半熟卵をのせた絶品のそば粉のクレープ
↓クレープの秋のトッピングはカボチャとキノコ

フレンチブレックファスト 3872円
そば粉のクレープをメインに、前菜、サラダ、デザートが楽しめる。クレープのトッピングは季節で変わるのも魅力

朝の散歩に立ち寄りたいアットホームなカフェ

押立茶房
おしだてさぼう
南軽井沢 MAP 付録P.4 C-4

緑豊かな別荘地内にある老舗カフェ。1日30食限定のブレックファストは卵を2つ使ったハムエッグ、手作りドレッシングのサラダなど、味ともに大満足の味わい。

☎0267-48-1160
所 軽井沢町発地1 営8:00(8月5:00)～18:00 休水曜（祝日の場合は営業、8月は無休）交 JR軽井沢駅から車で10分
P 10台

↑ダルマを描いた緑色の暖簾が目印

ブレックファスト 900円
ハムエッグ、厚切りトースト、手作りドレッシングのサラダ、コーヒーがセット。11:00まで1日30食限定

↑山小屋風の木のぬくもりを感じる空間

↑店内奥に押立山を望むテラス席を併設

美食のテーブル／朝のおもてなし

カジュアルな食事を楽しみたい日は、伊仏の小粋な軽食を

高原に届いた南欧の風
ガレット&ピッツァ

鮮やかな食材が彩りを添えるガレットとピッツァ。居心地のよい店内で、周囲の緑を感じながらこだわりの逸品を堪能。

森の静寂に身をゆだねる優雅なティータイム
ガレット

ホテル鹿島ノ森 メイプルラウンジ
ホテルかじまのもり メイプルラウンジ
旧軽井沢 MAP 付録P.5 D-2

ホテル鹿島ノ森（P.106）にあるラウンジ。白いパラソルが印象的なガーデンテラスでは、木々の葉の香りや小鳥のさえずりに包まれ、ときにはリスが姿を見せることも。

☎0267-42-3535（ホテル鹿島ノ森）
軽井沢町軽井沢1373-6 ティータイム9:30～16:30 バータイム17:30～21:30（季節により異なる） 冬季休館あり JR軽井沢駅から車で8分 50台

予約 不可
予算 L1000円～

そば粉のクレープ 950円
ハム、目玉焼、チーズをのせたガレット。本場フランス・ブルターニュ地方の伝統スタイル

↓四季の移ろいが楽しめるホテル自慢のガーデンテラスは夏でも涼やか

自家製キャラメルソースとバニラアイスのデザートガレット 670円
焦がしバターが香るガレット生地に、自家製キャラメルソースとアーモンド、バニラアイスをトッピング

↓ガレットは各種1150円～。高原野菜がたっぷり添えられたガレットは見た目にもおいしい

信州産100%のそば粉で本場ブルターニュの味を
ガレット

Cachette
カシェット

南軽井沢 MAP 付録P.10 B-3

2009年にオープンしたガレット専門店。フランス北部ブルターニュ地方同様のガレットを、信州産そば粉で作る。じっくり寝かせた生地はとても香ばしい。

☎0267-31-0622
軽井沢町長倉345-1 11:00(10～3月11:30)～17:00(LO16:00) 月・火曜 JR軽井沢駅から町内循環バス東・南廻り線外回りで25分、塩沢下車、徒歩4分 5台

↑塩沢湖にほど近い立地でまさに一軒家レストランといった店構え

予約 不可
予算 L1000円～

↓フランボワーズやイチゴをイメージしたという赤い椅子が目を引くモダンな店内

さまざまなチーズを堪能できる
自家製チーズ工場の直営店

ピッツァ

アトリエ・ド・フロマージュ
軽井沢ピッツェリア

アトリエ・ド・フロマージュ かるいざわピッツェリア

軽井沢駅周辺 **MAP** 付録P.8 B-3

浅間山麓に自家製チーズ工場を持ち、チーズのおいしさを堪能できる。数々の賞を受賞したブルーチーズや定番のカマンベールなどをピッツァやチーズフォンデュで楽しみたい。

☎ 0267-42-0601
所 軽井沢町軽井沢東22-1　営 11:30～15:00 17:00～20:00(季節により異なる)
休 水曜
交 JR軽井沢駅から徒歩5分　P なし

↑ヨーロッパの山小屋風の造りで遠くからでも目立つ外観

パルマ産生ハムと
ルコラのピッツァ
(M)2150円 (L)2370円
パルマ産生ハムと東御市産のルッコラを使った逸品

予約 望ましい(繁忙期は不可)
予算 (L)2000円～ (D)2500円～

↑チーズ工房のクアトロフォルマッジ(M)1920円も人気

↑木造で木のぬくもりが感じられる落ち着いたインテリア

ガレット&ピッツァ

フルット 2090円
小エビ、ホタテ、フレッシュトマトにモッツァレラチーズが絡む人気のピッツァ。バジルソースがアクセントに

↑モッツァレラチーズとチェリートマトがたっぷりのったエスペルト1815円

↑広々とした店内に木洩れ日が差し込む。繁忙期は人数制限がある場合も

行列が絶えない人気店で味わう
名物のアツアツ鉄板ピッツァ

ピッツァ

Trattoria Primo
トラットリア プリモ

軽井沢駅周辺 **MAP** 付録P.8 A-2

ボリューム満点のイタリアンをリーズナブルに楽しめる。人気のピッツァは直径30cmあり、焼き上げた鉄板のままアツアツを提供。表面はサクッ、中はモチッとした生地が特徴的。

☎ 0267-42-1129
所 軽井沢町軽井沢330-8　営 11:30～14:45 17:00～21:15(季節により変動あり)
休 不定休　交 JR軽井沢駅から徒歩15分
P 17台

予約 不可
予算 (L)1500円～ (D)2000円～

↑緑に囲まれた静かな離山通りに溶け込む山小屋風の外観

軽井沢流のエレガンスを楽しむひととき

優雅なる名門ホテルの特等席
カフェテラスの幸福な時間

避暑地・軽井沢のカフェ文化を象徴する、豊かな緑に囲まれたホテル内のカフェテラス。
ホテル自家製のスイーツを味わいながら、優雅なティータイムを過ごしたい。

軽井沢●食べる

↑オープンカフェになる春夏は新緑に包まれ格別のティータイムに

万平ホテル カフェテラス
まんぺいホテル カフェテラス
旧軽井沢 MAP 付録P.5 F-2

クラシックな雰囲気に囲まれて名物アップルパイを堪能

軽井沢の代名詞ともいえる歴史あるホテル内にあるカフェ。軽井沢の散策途中に多くの人が訪れる。ジョン・レノン直伝のロイヤルミルクティーなど、長年愛されるメニューを楽しみたい。

☎0267-42-1234(万平ホテル)
所 軽井沢町軽井沢925　9:30～18:00
休 1月中旬～3月中旬
交 JR軽井沢駅から車で5分　P 90台

伝統のアップルパイ
900円
ホテル伝統のレシピに基づき、信州産の紅玉リンゴをたっぷりと使った一品

↑夏季はテラスの大きな窓ガラスが開放され、さわやかな高原の風が店内を吹き抜ける

ブルーベリータルト
900円
山盛りのフレッシュな生ブルーベリーと上品な甘さの生クリームが至福の味わい。ドリンクとのセットがお得

軽井沢ホテルブレストンコート ザ・ラウンジ
かるいざわホテルブレストンコート ザ・ラウンジ

中軽井沢 MAP 付録P.9 E-3

パティシエの技が光る
贅沢で美しいアシェット デセール

テラス席から中庭を望む開放感たっぷりのラウンジ。パティシエが作る、季節のフルーツを使った繊細なスイーツが堪能できるのは、美食のホテルだからこそ。

☎0267-46-6200
（軽井沢ホテルブレストンコート）
所 軽井沢町星野 軽井沢ホテルブレストンコート内
営 10:00～17:30(LO)
休 冬季休業あり 交 JR軽井沢駅から車で15分
P 160台

↑自然と一体となったオープンテラスでくつろげるのは、高原のリゾートホテルならでは

森のアフタヌーンティー
5445円
木洩れ日をイメージした木製のアフタヌーンティーBOX。小さなスイーツやフィンガーフードは食べるのをためらうかわいらしさ。季節によって内容は変わる

↑季節ごとに変わる彩り鮮やかな一皿

旧軽井沢ホテル 音羽ノ森
レストラン「桂姫」ラウンジ
きゅうかるいざわホテル おとわのもり レストラン「けいき」ラウンジ

旧軽井沢 MAP 付録P.8 C-2

閑静な別荘地にたたずむホテルの
彩り鮮やかなフレッシュケーキ

重要文化財指定の旧三笠ホテルをモチーフにしたホテル内で喫茶を楽しめる。卵やフルーツなど、地元素材を使ったホテルメイドのオリジナルケーキやオーガニックティーが人気。

☎0267-42-7711（旧軽井沢ホテル 音羽ノ森）
所 軽井沢町軽井沢1323-980 営 10:00～20:00
休 無休 交 JR軽井沢駅から徒歩12分
P 65台

↑ガーデンテラスを毎年4月下旬から開放。巣箱が設けられ、シジュウカラのさえずりが響き渡る

アフタヌーンティー 2750円（2名より利用可）
好きなケーキをチョイス可能。自然を感じながらガーデンで楽しむのがおすすめ

オリジナルケーキ各種 660円～
地元産のイチゴをふんだんに盛ったタルトフレーズなど、季節のケーキが並ぶ。テイクアウトもOK

↑クラシカルな本館ロビーラウンジも居心地がよい

カフェテラスの幸福な時間

軽井沢●食べる

緑豊かな高原の隠れ家へ
やさしい光がご挨拶
木洩れ日のカフェ

カラマツ、ハルニレ、ミズナラ…
軽井沢の木々に寄り添う癒やしのカフェで
多様な緑の饗宴を眺めるひととき。

ジョン・レノンが愛した空間で
当時の懐かしい雰囲気に浸る

離山房
りざんぼう
南軽井沢 MAP 付録P.10 C-2

ジョン・レノンとオノ・ヨーコ夫妻をはじめ、著名な文豪も足繁く通ったという当時の面影がそのまま残る。一家がくつろいでいたあずま屋も必見。店名は作家の水上勉氏が命名。

☎ 0267-46-0184
所 軽井沢町長倉820-96
営 10:00〜17:00
休 水曜(臨時休あり)、12〜3月　交 JR軽井沢駅から車で10分　P 8台

1.季節の花が咲く庭を眺めてのんびりできるテラス席　2.離山房ブレンド720円、ロイヤルスウィートバニラ820円　3.昭和52年(1977)創業。名店が並ぶ塩沢通り沿いに建つ　4.店内にはジョンの貴重な写真を展示

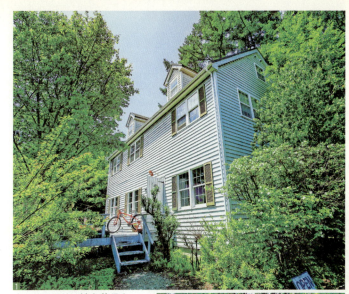

ホームメイドの焼き菓子と
多彩なドリンクメニュー

coffee house shaker
コーヒー ハウス シェーカー
中軽井沢 MAP 付録P.9 D-4

香り高いブレンドコーヒーや贅沢に淹れるミルクティー、ノンカフェインのドリンクなど、オーナーの優しさがメニューにも表れる。オリジナルレシピのスコーンもおすすめ。

☎ 0267-45-8573
所 軽井沢町長倉3460-16　営 10:00～18:00（季節により異なる）
休 火・水曜　交 しなの鉄道・中軽井沢駅から徒歩5分　P 4台

1. 新緑と調和する米国風の建物
2. ウッドデッキのテーブル席。カフェタイムはもちろん平日はランチもいただける
3. 店内の空間になじむ椅子やテーブルはオーナーがキットから作ったもの
4. 7段重ねのパンケーキ800円、コーヒーはシェーカーオリジナルの丸山珈琲ブレンド

木洩れ日のカフェ

**木洩れ日あふれる並木道で
ロシア伝来のスイーツを味わう**

カフェテラス ミハエル

軽井沢駅周辺 MAP 付録P.8 A-2

ロシア人の父から受け継ぐオーナーの手作りジャムが人気。おすすめは10時間ほど煮込んで作るスグリのジャムを紅茶と楽しむロシアンティー。さわやかな酸味が口の中に広がる。

☎0267-42-6750
所 軽井沢町軽井沢1323-269
営 10:00〜18:00(8月は〜19:00)
休 4月〜7月中旬・10・11月の平日、12〜3月
交 JR軽井沢駅から徒歩13分 P 3台

1. 軽井沢のオープンテラス発祥といわれる歴史あるカフェ
2. 自家製クリームチーズトルテとロシアンティーは好相性
3. 並木道に面した木洩れ日あふれるテラス

軽井沢●食べる

**静かな森の中で振り子時計と
せせらぎに耳を傾けたい**

ふりこ茶房

ふりこさぼう
南軽井沢 MAP 付録P.4 B-4

昭和58年(1983)創業。木立の中に建つ古民家のような趣のある建物内には店名を連想させる振り子時計が時を刻んでいる。珈琲1杯500円で軽井沢らしさを満喫できるお店。

☎0267-48-0550
所 軽井沢町発地848-2 営 10:00〜18:00 冬季11:00〜17:00 休 木曜、1月中旬〜3月19日 交 JR軽井沢駅から町内循環バス東・南廻り線外廻りで12分、馬取下車、徒歩5分 P 10台

1. 店で使う素敵な陶器は販売もしている
2. 池のほとりに建ち四季折々の自然を楽しめる抜群のロケーション
3. オーナー手作りのスイーツを深煎りのコーヒーとともに味わえる
4. 雰囲気のよい店内は全席禁煙。ペットの同伴も不可。清涼で静かな空間

**木立に囲まれた一軒家カフェで
エイジングコーヒーを堪能する**

カフェ ラフィーネ

軽井沢駅周辺 MAP 付録P.8 A-3

おすすめは、オールドビーンズで有名なコクテール堂の豆を使ったラフィーネブレンド。ネルドリップで抽出するコーヒーは、まろやかな酸味と熟成を感じる味わいを楽しめる。

1. フランスの田舎をイメージした赤レンガの外観
2. 手作りのバナナケーキ850円はたっぷりのホイップクリームを添えて
3. アール・ヌーヴォーのインテリアでまとめた店内は落ち着いた雰囲気

☎ 0267-42-4344
所 軽井沢町六本辻1663
営 11:00～18:00(季節により異なる) 休 不定休 交 JR軽井沢駅から車で7分 P 8台

木洩れ日のカフェ

店名も作品名からという
作家・内田康夫夫妻ゆかりの店

Tea Salon
軽井沢の芽衣

ティーサロン かるいざわのめい

南軽井沢 MAP 付録P.4 B-4

人里離れた森の木立に抱かれるようにたたずむ、軽井沢らしい空間を堪能できるカフェ。店名は早坂真紀さんの同名小説から。木洩れ日が美しいテラス席はペット同伴も可能。

☎ 0267-48-3838
所 軽井沢町発地1293-10 営 11:00～16:00(LO) 土・日曜、祝日、8月10:00～16:30(LO)
休 火・水曜(8月は水曜のみ、祝日の場合は営業。11月中旬～4月下旬は休業) 交 JR軽井沢から車で10分 P 20台

1. テラス席からは緑豊かな軽井沢らしい景色が望める
2. 庭もとても広く、読書や散歩をするお客さんも多いそう
3. ホットサンド各種910円とスコーンセット1160円
4. 洋館らしいたたずまいのティーサロン。サンルームも併設している

いち早くパン食の文化が根付いた街の名店へ
街で評判のパン屋さん

避暑に訪れた外国人により伝えられたパン食文化。開業当時の製法や名物メニューを守る人気店を訪ねてみたい。

ブランジェ浅野屋 軽井沢旧道本店
ブランジェあさのや かるいざわきゅうどうほんてん
旧軽井沢 MAP 付録P.7 D-2

軽井沢と東京を拠点にする欧風ハードパンの老舗

東京で創業し軽井沢に根付いた欧風ハードパンを代表するお店。大きな石窯で焼かれるパンは道行く人に大人気で品切れも出るほど。メンチカツなどの惣菜パンも評判。

- ☎ 0267-42-2149
- 所 軽井沢町軽井沢738
- 営 8:00〜18:00 1〜3月9:00〜17:00 夏季7:00〜21:00
- 休 無休
- 交 JR軽井沢駅から町内循環バス東・南廻り線内回りで4分、旧軽井沢下車、徒歩5分
- P なし

◆「ASANOYA」でおなじみの名店。イートインも利用できる

↑80種類ほどのパンが店内所狭しと並ぶ。イートインも併設する

フランスベーカリー
旧軽井沢 MAP 付録P.7 D-2

地元住民から長年愛される昔ながらのやさしい味わい

昭和26年(1951)に万平ホテルのベーカリーチーフが創業。伝統の製法を守る3代目が味わい深いパンを作り続ける。ジョン・レノンが通った店としても知られている。

- ☎ 0267-42-2155
- 所 軽井沢町軽井沢618
- 営 8:00〜17:00 夏季〜18:00
- 休 木曜(夏季無休)
- 交 JR軽井沢駅から町内循環バス東・南廻り線内回りで4分、旧軽井沢下車、徒歩5分
- P なし

パンロール 421円
創業以来の定番。牛乳と卵をたっぷり使ったやさしい味が人気

チーズブレッド 540円
溶けるチーズをたっぷり使った重量感のある食卓パン。トーストすればより美味に

フランスパン 346円
店一番の看板パン。パリパリの外皮と、もっちりした生地が特徴的

塩クロワッサン 162円
バター少なめでパリッと硬めの生地に塩がアクセントとなっている

軽井沢 ●食べる

ショコラブレッド 508円
ココア生地にチョコチップがたっぷりのふんわり食感が人気

ピティビエ 400円
パイ生地にアーモンドクリームを合わせた軽井沢限定商品

フルーツライ 1296円
ドライフルーツをぎっしり入れたライ麦30%配合の人気商品

軽井沢ブルーベリー 453円(200g)〜
ブルーベリー生地にドライブルーベリーが入ったやわらかいパン。1台(1800g) 4083円をカットして販売

パルミエナッツ 422円
サクサクのクロワッサン生地にメープルシロップとアーモンドが絶妙

軽井沢キッチン ロータリー店
かるいざわキッチン ロータリーてん
旧軽井沢 MAP 付録P.6 B-4

軽井沢に来たらぜひ試したい 三笠ホテルカレーパン

旧軽ロータリーにある、軽井沢ご当地グルメの三笠ホテルカレーパンで、とても有名な店。アツアツでカリカリの食感と、まろやかな風味のカレーを堪能したい。

所 軽井沢町軽井沢12-10
営 10:00〜17:30 休 不定休（夏季は無休） 交 JR軽井沢駅から町内循環バス東・南廻り線内回りで4分、旧軽井沢下車すぐ P なし

↑伝統の味を求め行列ができることも。カレーパンは自家焙煎三笠珈琲との相性も抜群

三笠珈琲 380円
酸味とコクのバランスが良い自家焙煎の珈琲豆を使用。豊かな香りが楽しめる

三笠ホテルカレーパン
（信州ハーブチキン）
360円
復活した懐かしい味がカレーパンに。ご当地食材を使用した揚げたての味を楽しみたい

↑ロータリーの大きな時計が目印

ベーカリー&レストラン 沢村 旧軽井沢
ベーカリー&レストラン さわむら きゅうかるいざわ
旧軽井沢 MAP 付録P.6 B-4

おいしい焼きたてパンと 欧州料理のレストランが人気

4種の自家製酵母と選び抜かれた小麦の風味豊かなパンが50種類以上並ぶベーカリー。2階イートイン席は絵本が並び子ども連れも楽しめる。レストランは吹き抜けの落ち着いた空間で、欧風料理とワインが充実。おみやげにジャムや焼き菓子もおすすめ。

☎ 0267-41-3777
所 軽井沢町軽井沢12-18 営 ベーカリー8:00〜20:00、レストラン11:00〜20:00(LO)※変動あり 休 無休 交 JR軽井沢駅から町内循環バス東・南廻り線内回りで4分、旧軽井沢下車、徒歩1分 P 15台

パルミエ 紅茶 626円
おみやげに大人気。紅茶香るサクサクのパイ生地

SAWAMURA リッチブレッド
777円
材料・製法にこだわった軽井沢限定の高級食パン

パン・オ・ヴァン信州 3888円
（1/2本 1944円、1/4本 972円）
信州産赤ワインとナッツ、ドライフルーツが入った豊かな風味

ディナーにも注目
信州の食材を使った欧風料理とワインをゆったりと楽しめる。

↑木洩れ日が心地よい、イートインのテラス席

街で評判のパン屋さん

新鮮野菜をおまかせ膳で堪能する
味と空間にセンスが光る一軒

軽井沢 日本料理 大嶋
かるいざわ にほんりょうり おおしま

南軽井沢 MAP 付録P.10 C-3

茶懐石を学んだ店主が営む日本料理店。旬の素材をていねいな仕事で上品な味に仕上げた料理を提供する。本格懐石料理を気軽に味わえると地元の人や別荘族からも評判。

☎ 080-4345-2009
所 軽井沢町長倉646-1　営 12:00〜14:00　18:00〜20:00(完全予約制)　休 不定休
交 JR軽井沢駅／しなの鉄道・中軽井沢駅から車で10分　P 10台

▶国道18号沿いにある緑に囲まれた建物。大きな窓が目印

予約 要
予算
L 2850円〜
D 5550円〜

↑昼のおまかせ膳2850円。秋には松茸、冬にはフグ、カニなど旬の食材が味わえる

▶天井が高く、ゆったりとした造りの店内(左) 大きな窓のある落ち着いた雰囲気の個室(中) 自家農園で採れた新鮮な野菜を使用(右)

軽井沢 ● 食べる

澄んだ空気と水が育む繊細な日本の味と出会う

和の粋を食す

軽井沢というとフレンチをはじめ、西洋料理のイメージが強いが、日本料理も負けていない。地元の食材にこだわる店で料理人の技が光る、やさしい味わいの品々を楽しみたい。

↑彩り野菜と豚の黒酢炒め(ご飯セット付ランチ1980円)。パプリカなど彩り鮮やかな野菜と信州豚を玄米黒酢で仕上げた一品

↑酢重の信州五彩盛り(ご飯セット付ランチ2772円)。主菜と小鉢の豪華な組み合わせ(内容は季節で変わる場合あり)

↑大きな暖簾が目印。軽井沢では数少ない和食店として連日賑わう(左) 和モダンな内装にジャズが流れる心地よい店内。2階席もある(右)

予約 可
予算
L 1500円〜
D 3000円〜

信州の味噌や調味料を使った料理と銅釜で炊くご飯がおいしい

レストラン酢重正之
レストランすじゅうまさゆき

旧軽井沢 MAP 付録P.6 B-4

信州の伝統製法で作られた味噌・醤油・調味料の専門店・酢重正之商店(P.100)の味が楽しめる。契約農家から仕入れる野菜など、新鮮な信州食材を用いた料理と、銅釜で炊くおいしいご飯が人気。

☎ 0267-41-2007
所 軽井沢町軽井沢6-1　営 11:00〜21:00(LO)
※変動あり　休 無休　交 JR軽井沢駅から町内循環バス東・南廻り線内回りで4分、旧軽井沢下車すぐ　P あり(17:00〜)

▶夜の部は一品料理が充実。豊富な地酒やワインとともにゆったりと過ごせる

↓2000年創業の川上庵本店

豊富な一品料理と旨い酒、
香り豊かなそばを楽しむ

川上庵本店
軽井沢 川上庵
かわかみあんほんてん かるいざわ かわかみあん

旧軽井沢 MAP 付録P.6 B-4

店内にはジャズが流れるモダンな空間のそば屋。毎朝自家製粉する粗挽きのそば粉を使った香り豊かな打ち立てのそばが楽しめる。開放的なテラス席も人気。

予約 夜のみ可
予算 Ⓛ1500円〜 Ⓓ3000円〜

→喉ごしと風味が自慢の二八そば。旬の野菜を使った一品料理や信州をはじめとした地酒も豊富

☎0267-42-0009
所 軽井沢町軽井沢6-10
営 11:00〜21:00(LO)※変動あり
休 無休 交 JR軽井沢駅から町内循環バス東・南廻り線内回りで4分、旧軽井沢下車すぐ Ｐあり(17:00〜)

↓陶芸家の器や絵が並んだ、広々とした居心地のよい店内

極上そばの香りと喉ごしを楽しむ
名店のこだわりを手繰る

シンプルな工程だからこそ、職人の腕が引き立つそばは、街で評判の名店で食したい。

予約 可
予算 ⓁⒹ1000円〜

明治3年(1870)創業以来
長く愛され続ける老舗

かぎもとや中軽井沢本店
かぎもとやなかかるいざわほんてん

中軽井沢 MAP 付録P.9 E-4

国産のそば粉で打つそばは、湯こねで打ち上げ、香り高く喉ごしよく仕上げられている。そばつゆは日高昆布やカツオ節の旨みをギリギリまで引き出したもの。

☎0267-45-5208
所 軽井沢町長倉3041-1 営 9:30〜15:00 17:00〜19:00(土・日曜、夏季は〜20:00) 休 木曜(祝日の場合は別日に変更、夏季無休) 交 しなの鉄道・中軽井沢駅からすぐ Ｐ20台

↑ツルツルした喉ごしの食感が人気のそば。野菜たっぷりのけんちん汁も見逃せない

↑店内奥には巨大なだるまが鎮座

和の粋を食す/名店のこだわりを手繰る

SHOPPING 買う

口に運ぶと心が華やぐ味
別荘族御用達みやげ

軽井沢●買う

長い歴史が生み出す至福の味

ブルーベリージャム
648円(140g)
まろやかな甘みが特徴。紅茶に入れて豊かな香りを楽しむのもおすすめ

コケモモジャム
648円(140g)
自然の恵みを感じさせる、ほどよい酸味が心地よいジャム

イチゴジャム
648円(140g)
イチゴのやさしい甘さが口いっぱいに広がる上品な味わいのジャム

あんずジャム
648円(140g)
甘酸っぱいアンズは、トーストはもちろん、アイスにかけて食べても◎

レッドラズベリージャム
648円(140g)
酸味と甘みのバランスが絶妙。ラズベリーの歯ごたえも良い

中山のジャム
なかやまのジャム
旧軽井沢 MAP 付録P.7 D-2
外国人宣教師らにジャムの製法を学んだ中山文平氏が明治38年(1905)に創業した店。果実のおいしさを最大限に生かして作られたジャムは格別の味わい。
☎0267-42-7825 軽井沢町軽井沢750-1
⏰9:00～18:00(季節により変動) 無休
🚌JR軽井沢駅から町内循環バス東・南廻り線内回りで4分、旧軽井沢下車、徒歩5分 Pなし

自然素材のみで作り上げるジャム

さくらんぼジャム
1404円(285g)
ジャムに最適な国産ナポレオン種を使用。冷やしてデザートにしても◎

いちごジャム
972円(285g)
イチゴの形をできるだけ残した、果実感が楽しめるお店の一番人気

浅間ベリージャム
2052円(285g)
軽井沢ジャムのルーツともいえる、天然浅間ベリーを使った貴重な一品

黄金桃ジャム
864円(270g)
生食でも人気の黄金桃の甘さを生かした品。さっぱりした味わいなのでそのままデザートにも

ジャムこばやし
旧軽井沢 MAP 付録P.7 D-1
昭和24年(1949)創業。亡命ロシア人から学んだ製法で作るジャムは常時40種類ほど。元青果店ならではのコンポートやジュースなども販売する。
☎0267-42-2622 軽井沢町軽井沢710
⏰10:00～18:00 水・木曜(祝日の場合は営業、8月は無休)
🚌JR軽井沢駅から町内循環バス東・南廻り線内回りで4分、旧軽井沢下車、徒歩7分 Pなし

懐かしの瓶入り牛乳を店頭で

軽井沢物産館牛乳(右)
軽井沢物産館珈琲(左)
各200円(200ml)
地元酪農家の新鮮な生乳を使用。珈琲は昔懐かしい味わい。テイクアウトの場合はプラス20円

神津ジャージーのむヨーグルト
200円(200ml)
日本最古の洋式牧場として名高い神津牧場から直送される。濃厚でコクのある味わい

ジャージーミルクソフト
350円
神津牧場のジャージー牛乳100%使用。さっぱりとした口当たり

から~い油 648円
ゴマ油の風味のあとに辛みが伝わる。素麺やざるそばなど麺類の薬味に最適で、鍋料理のポン酢と合わせても美味

軽井沢物産館
かるいざわぶっさんかん
旧軽井沢 MAP 付録P.6 C-3
バターやのむヨーグルトといった軽井沢ならではの乳製品を中心に、長野県内の銘菓や民芸品なども幅広く取り扱っている。店の前の牛のオブジェが目印。
☎0267-42-2299 軽井沢町軽井沢571-2
⏰10:00～18:00 木曜(祝日の場合は営業、8～9月は無休)
🚌JR軽井沢駅から町内循環バス東・南廻り線内回りで4分、旧軽井沢下車、徒歩3分 Pなし

清涼な気候に育まれた軽井沢は、生乳やフルーツ、精肉など上質な食材の宝庫。
西洋の避暑客が育てた名物から、地元で長年愛される名産品まで、食通も納得の美味をセレクト。

ブルーチーズ
1512円 (100g)
青カビ特有の刺激的な風味とまろやかさを併せ持つ。赤ワインと合う

カマンベール
972円 (100g)
濃厚なコクとまろやかさが特徴の白カビタイプ。リンゴや野菜と相性◎

マールウォッシュ
1188円 (100g)
マール（ブドウの搾りかす）で表皮を洗い、1カ月〜1カ月半ほど熟成したもの

生チーズ
648円 (120g)
アトリエ・ド・フロマージュの製品第1号。濃厚なヨーグルトのような酸味が特徴のフレッシュチーズ

特定農家の生乳を使用

ロースハム
480円 (100g)
国産の豚ロース肉を使用。サンドイッチやワインのおつまみにぴったり

リオナ
320円 (100g)
牛舌やパプリカ入りのカラフルなスライスソーセージ

ウインナーソーセージ
300円 (100g)
桜の木の薪で燻製された定番商品。ボイル・グリルのいずれもおすすめ

ベーコン 390円 (100g)
伝統製法による大ぶりなベーコン。豚バラ肉の旨みを凝縮

ドイツ職人直伝の製法を守る

ローシンケン（生ハム）
1188円 (100g)
濃厚な味わいで人気。塩分が少ないので薄くスライスしてそのまま味わうことができる

ガーリックソーセージ
368円 (100g)
細物タイプのソーセージ。ガーリックの風味がアクセントになっている

ピッツァケーゼ
1620円 (1本)
チーズ、パプリカ、オレガノ、バジルなどを練り込み、型に入れて焼き上げたソーセージ

本場ドイツの伝統製法で作る逸品

別荘族御用達みやげ

アトリエ・ド・フロマージュ 軽井沢チーズ熟成所・売店
アトリエ・ド・フロマージュかるいざわチーズじゅくせいじょ・ばいてん
軽井沢駅周辺　MAP 付録P.8 B-3
オーナー夫妻がフランス留学で学んだ技術をもとに、独自の製法で個性的なチーズ作りを展開している名店。生チーズをはじめ20種類のチーズが並ぶ。
☎0267-42-7394　軽井沢町軽井沢東18-9
10:00〜17:00　冬季不定休
JR軽井沢駅から徒歩7分
P 2台

軽井沢デリカテッセン
かるいざわデリカテッセン
旧軽井沢　MAP 付録P.7 D-1
独自の直火燻製で作られるハムやソーセージは100g単位から購入できるので、いろいろな種類が楽しめる。
☎0267-42-6427　軽井沢町軽井沢657-6
9:00〜17:30 冬季9:30〜17:00　木曜（夏季は無休）、冬季の水曜　JR軽井沢駅から町内循環バス東・南廻り線内回りで4分、旧軽井沢下車、徒歩10分　P なし

腸詰屋 軽井沢1号店
ちょうづめや かるいざわいちごうてん
軽井沢駅周辺　MAP 付録P.8 C-3
日本国内で育成した上質な豚・牛肉を原料に、肉の熟成によって作り出すソーセージやハムを50種類ほど製造販売。長期熟成した生ハムはファンも多い。
☎0267-42-3791　軽井沢町軽井沢東19-5
10:00〜18:00　水曜（祝日の場合は営業、夏季は無休）、12月下旬〜3月中旬　JR軽井沢駅から徒歩6分　P 5台

軽井沢●買う

日本を代表するロースター

丸山珈琲の ブレンド・クラシック1991
900円（100g）
創業当時のブレンドを復刻。深煎りのしっかりとしたボディと長い余韻が特徴

丸山珈琲 オリジナルマグボトル
各3190円
コーヒーの風味を落とさずに持ち運びができる。おいしさが長持ちし、香りも長く楽しめると好評

ドリップバッグ（丸山珈琲のブレンド）
980円（5個入り）
焙煎直後の新鮮な香りやおいしさを保ち、ドリッパーがなくても手軽に味わえる

丸山珈琲 軽井沢本店
まるやまこーひー かるいざわほんてん
軽井沢駅周辺 MAP 付録P.11 D-1
1991年に創業し、現在は国内に9店舗を展開。オーナー自ら買い付けた世界各地の高品質コーヒーを独自の焙煎技術によって提供している。
☎0267-42-7655
軽井沢町軽井沢1154-10 10:00～18:00
火曜（祝日の場合は営業、8月は無休） JR軽井沢駅から車で5分 11台

信州こがね味噌 999円（500g）
二年熟成味噌 874円（500g）
吟醸味噌 950円（500g）
一番人気の「信州こがね味噌」をはじめ10種類以上の味噌から好みに合わせて選べる。お取り寄せができるのもうれしい

レストランの味を家庭でも

青唐みそ 658円（130g）
国産青唐辛子とキュウリやレンコン、しそなどの野菜がふんだんに入ったおかず味噌

極味 卵かけ醤油
540円（100ml）
伸びやかな旨みが豊かで卵かけご飯はもちろん、料理にも使える

巧匠 天然醸造醤油
540円（100ml）
864円（250ml）
信州産大豆を1年以上木樽で低温熟成したもの。コクがありながらもさっぱり

酢重正之商店
すじゅうまさゆきしょうてん
旧軽井沢 MAP 付録P.6 B-4
文政10年（1827）創業の味噌蔵を前身に持ち、信州の味噌や醤油をはじめ食卓を豊かに彩る調味料を販売。おみやげに最適なものも豊富に揃う。
☎0267-41-2929
軽井沢町軽井沢1-6
10:00～18:00（季節により変動） 無休
JR軽井沢駅から町内循環バス東・南廻り線内回りで4分、旧軽井沢下車すぐ なし

ティーインストラクター 厳選リーフティー（缶入り）
1414円～（80g）
鮮度を保つ缶は、お店オリジナルの上品なパッケージも魅力。贈答用の詰め合わせもある

デカフェ アールグレイ ティーバッグ
648円
妊婦さんや授乳期のママにもおすすめの、カフェインを取り除いた紅茶

季節のフレーバーティーにも注目

オリジナル ティーバッグ
378円（5個入り）
手軽なティーバッグはおみやげやプレゼントにおすすめ

選べるティーバッグ 2種類ギフトセット
1429円
気軽に紅茶が楽しめるティーバッグギフト。贈り物にぴったり

軽井沢紅茶館 サンビーム
かるいざわこうちゃかん サンビーム
旧軽井沢 MAP 付録P.6 C-3
産地や味を厳選した紅茶専門店。リーフティー、フレーバーティー、ティーバッグなど多岐にわたり販売している。紅茶クッキーなどの焼き菓子も人気。
☎0267-42-2263
軽井沢町軽井沢586
10:30～17:00 木曜 JR軽井沢駅から町内循環バス東・南廻り線回りで4分、旧軽井沢下車、徒歩3分 なし

プレミアムジャムシリーズ
（信州産ふじりんごバター、信州 森のあんず）
各410円（155g）
果実をふんだんに使用し、果物をそのまま食べているかのような贅沢な味わいにリピーター続出

信州りんごジュース
信州りんご 323円（800mℓ）
ふじ・混濁ふじ 各399円（800mℓ）
信州産のリンゴ果汁100%のジュース。さわやかな甘さが口に広がる

まるごとゼリー
（ふじりんごゼリー・ブルーベリーゼリー）
各323円
みずみずしい果実がまるごとゼリーに包まれ、果物本来の甘さが感じられる

信州ワイン（赤・白）
各720円（720mℓ）
信州産のブドウを100%使用したオリジナルワイン。すっきりとした辛口で、料理との相性も良い

通を唸らせる豊富な品揃え！
オリジナルブランドに注目！

ツルヤ 軽井沢店
ご当地スーパーへご招待

別荘族が滞在中に何度も足を運ぶといわれるツルヤ 軽井沢店。新鮮な野菜や果物のほか地ビール、ジャムなどおみやげにしたいアイテムも豊富に揃う。人気の巨大スーパーを活用したい。

別荘族御用達みやげ／ご当地スーパー

こだわり抜いた商品が揃う地域に根ざしたスーパー
ツルヤ 軽井沢店
ツルヤ かるいざわてん
南軽井沢 MAP 付録P.10 B-2
長野県内に32店舗を構えるスーパー。信州の特産品やオリジナルブランド商品が豊富で、おみやげ探しにも最適。高品質な食材は、地元の人や別荘滞在者にも好評。
☎0267-46-1811 軽井沢町長倉2707
⏰9:30（7〜9月9:00）〜20:00 不定休（7〜9月は無休）
🚃しなの鉄道・中軽井沢駅から徒歩20分／車で3分 🅿400台

丸山珈琲 ツルヤオリジナルブレンド
各431円（110g）
丸山珈琲のツルヤオリジナルブレンド。中深煎りや深煎り、モカや「信州まつもと」ブレンドなど、数種類のなかから好みで選べる

信州高原地ビール
各215円（350mℓ）
浅間山系の水、厳選した麦芽とホップを使用した信州ならではのエールビール。オーガニック、ブラック、クリアの3種類

信州蔵づめ味噌（甘口・中甘）
各410円（1kg）
味噌造りが盛んな小諸の蔵で仕込まれた味噌。コクがあり、懐かしい味わい

くるみのたれ・くるみの信州味噌だれ
各431円（150mℓ）
サラダや豆腐、麺のつけダレとしても使える、クルミの風味が豊かに香る万能ダレ

軽井沢スイーツの甘い誘惑
自慢の一品に
魅せられて

軽井沢ならではの新鮮な生乳やチーズを使った洋菓子、地元で長く親しまれてきた昔懐かしい銘菓。甘い香りに包まれた店内で、どれを持ち帰るか悩むのも楽しい。

Karuizawa Sweets

軽井沢●買う

トリュフ 1個248円〜
厳選した素材で作るトリュフは常時20種類を揃える。10個セット2484円はおみやげに最適

マンディアン 1個399円
チョコレートにドライフルーツとナッツをちりばめた個性豊かな逸品。ミルクとビターの2種

オレンジトランシュ 1200円前後（量り売り）
オレンジの蜜漬けにクーベルチュールを合わせた甘みと酸味と苦みのバランスが絶妙

→カフェスペースでコーヒーとともに味わうことができる

Schokoladen burg
軽井沢チョコレート館
ショコラデン ブルグ かるいざわチョコレートかん
旧軽井沢 MAP 付録P.8 B-1

最高級のカカオ豆を使用した口どけ絶品の手作りチョコ

スイスの老舗メーカー・フェルクリン社で学んだ技術と厳選素材で職人が一粒一粒ていねいに作るチョコレート専門店。生チョコやトリュフなど、美しくハイセンスな商品が並ぶ。

☎0267-42-1560
所 軽井沢町軽井沢R4-2 営 10:00～18:00 休 水曜（夏季は無休）、1月～3月上旬（バレンタイン期間は営業） 交 JR軽井沢駅から町内循環バス東・南廻り線内回りで4分、旧軽井沢下車、徒歩3分 P なし

Cafe Restaurant Paomu
カフェ レストラン パオム
旧軽井沢 MAP 付録P.6 C-3

フレッシュな素材で作り出す口どけなめらかなミルクスイーツ

旧軽井沢銀座の通りに面したカフェレストランのスイーツ部門。地元産の卵や生クリームを使った濃厚ミルクの味わいが特徴のオリジナルスイーツが人気。軽井沢プリンや極味ロールケーキなどもおみやげにおすすめ。

☎0267-42-8061
所 軽井沢町軽井沢806-1 営 9:00～17:00（季節により変動あり） 休 無休（冬季休業あり） 交 JR軽井沢駅から町内循環バス東・南廻り線内回りで4分、旧軽井沢下車すぐ P なし

軽井沢プリン 486円
ヨード卵・光の卵黄、北軽井沢高原牛乳、特選生クリームを贅沢に使い、デリケートなオーブン温度の調整により仕上げた人気のプリン

ミルキー生チーズケーキ 486円
軽井沢高原牛乳の生チーズと2種類のクリームチーズの生地に無添加ブルーベリーソースが味を引き立てる

→2階のレストランでもスイーツがいただける

⬆ ピンクを基調としたかわいらしい店内

自家製カマンベールの アップルパイ 2592円
信州産の紅玉リンゴと相性抜群の自家製のカマンベールチーズケーキ。とろけるフィリングがたっぷり

フォンテンヌブロー 486円
自家製生チーズを使ったレアチーズケーキ。ガーゼに包まれたやわらかな生地は舌ざわりなめらか

マスカルポーネシュー 360円
厚めのシュー生地に軽やかな口当たりのマスカルポーネクリームをサンドしたリッチなシュー

アトリエ・ド・フロマージュ 旧軽井沢店
アトリエ・ド・フロマージュ きゅうかるいざわてん
旧軽井沢 MAP 付録P.8 B-1

自家製チーズを使った商品が満載 地元フルーツとのコラボも
チーズの国際大会で最高賞を受賞するなど、上質なチーズ作りを続けるアトリエ・ド・フロマージュの直営ショップ。人気のスイーツやピザなどこだわりの賞品が豊富に揃う。

☎ 0267-41-4033
所 軽井沢町軽井沢2-1 営 10:00〜17:30（季節により異なる）休 冬季 交 JR軽井沢から町内循環バス東・南廻り線内廻りで4分、旧軽井沢下車、徒歩2分 P なし

白樺堂 駅前通り店
しらかばどう えきまえどおりてん
軽井沢駅周辺 MAP 付録P.8 B-4

昭和23年(1948)創業 老舗ジャム&菓子工房
軽井沢内に5店舗を構える人気店。1960年代に餡の製造を模して作り始めたという特製ジャムのほか、50年以上愛されるくるみ最中や近年発売されたプリン生どら焼きなど、新旧幅広いお菓子が支持を集めている。

☎ 0267-42-2305
所 軽井沢町軽井沢東16-7
営 9:00〜18:00
休 不定休
交 JR軽井沢駅から徒歩5分 P 2台

くるみ最中 1個194円
じっくり煮込んだ餡にくるみを混ぜ込み、香ばしい皮で包んだ昔懐かしい味わい

生どら焼き 194円〜
強めに焼成した香ばしい皮に生クリーム入りの小豆餡などを挟んだ生どら焼き。小倉やプリン、ブルーベリーが人気

軽井沢タルト (8個入り) 1080円
モンドセレクション金賞受賞。バターとアーモンドパウダーをふんだんに使った看板商品。クルミ、アーモンドが4個ずつ

酒ケーキ 純米大吟醸 寒竹 軽井沢 1296円(5個入り)
佐久市の酒蔵・戸塚酒造の「純米大吟醸 寒竹 軽井沢」を使用したケーキ。日本酒の甘みが際立つ

ワインケーキ ナイアガラドライ 1296円(5個入り)
東御市のワイナリー「はすみふぁーむ」のワインを使用したケーキ。白ブドウのさわやかな香りが特徴

旧道クーヘン 2052円(10個入り)
写真はバニラ&ショコラが各5個入る。しっとりと焼き上げたパウンド型の焼き菓子。軽井沢豆乳を使用している

かるいさわサブレ 1080円(12枚入り)
写真はミルクとメープルが各7枚入る。古来からの当地の呼び名を冠した、素朴な味わいのサブレ

軽井沢のアトリエ
かるいざわのアトリエ
旧軽井沢 MAP 付録P.6 C-3

軽井沢への思いが込められた 手みやげにしたくなるお菓子
信州産の地卵や中軽井沢の人気豆腐店「松水庵」の信州産大豆で作られた軽井沢豆乳など、ご当地の食材を取り入れた焼き菓子が人気。地元の酒蔵やワイナリーとのコラボ商品も展開している。

☎ 0267-41-6927
所 軽井沢町軽井沢778 営 10:00〜18:00(季節により異なる)休 冬季不定休 交 JR軽井沢駅から町内循環バス東・南廻り線内廻りで4分、旧軽井沢下車、徒歩3分 P なし

自慢の一品に魅せられて

HOTELS 泊まる

名門避暑地に欠かせない、上質な時を約束する宿
リゾートの極上ホテル

避暑地としての長い歴史のなかで培われてきた軽井沢ならではの格式ある、憧れの宿。忙しい日常から離れて、至福のひとときを過ごしたい。

せせらぎや山の緑が季節ごとに、また朝・昼・夕にも違った景色を楽しませてくれる。

軽井沢●泊まる

1 モダンながら懐かしさも漂う
山あいの集落で過ごす

星のや軽井沢
ほしのやかるいざわ

中軽井沢 MAP 付録P.9 E-2

山あいの集落をイメージした77棟の離れが立ち並ぶ滞在型リゾート。地形を生かし自然との共生を考えて設計された水波、庭路地、山路地と3つの客室タイプを用意。温泉や食事、スパトリートメントなども揃い、充実した時間を過ごすことができる。

☎0570-073-066（星のや総合予約）
所 軽井沢町星野 交 JR軽井沢駅から車で15分 P78台 IN15:00 OUT12:00
室77室 料1泊1室8万4000円〜（食事別、通常予約は2泊から）

1. 水辺に浮かぶように建つ水波の部屋。夜には水面に水行灯がともって幻想的
2. せせらぎが心地よい水波の部屋のテラス。朝夕には霧がたちこめる景色も
3. 「日本料理 嘉助」では季節ごとに変わる「山の懐石」や「山の朝食」が楽しめる
4. 湯量もたっぷりで、くつろげる客室風呂
5. 瞑想の湯「メディテイションバス」
6. 宿泊者専用「森のほとりcafe&bar」。森と夜空が見渡せる静けさに包まれた空間

内外の著名人に愛された
名門クラシックホテル

万平ホテル
まんぺいホテル

旧軽井沢 MAP 付録P.5 F-2

江戸時代の旅籠「亀屋」を前身に明治27年(1894)、ホテルとして創業。和洋折衷で細部に趣向を凝らした装飾など、独特の美しさは多くの著名人に愛された。ジョン・レノンが幾度も連泊したことは有名な話。華やかなダイニングも歴史を感じさせる。

☎0267-42-1234
所 軽井沢町軽井沢925
交 JR軽井沢駅から車で5分　P 90台
IN 15:00　OUT 11:00
客 109室(全室禁煙)
予算 1泊2食付2万5800円～

1. リゾートホテルの草分けとして数多くの人々を迎えてきた格式漂う玄関
2. 万平ホテルのシンボルともいえる本館・アルプス館のクラシックツインルーム
3. やわらかな色彩と繊細なインテリア。床の間を配した和と洋の融合もユニーク

自然に抱かれて過ごす
大人のリゾート空間

ザ・プリンス 軽井沢
ザ・プリンス かるいざわ

南軽井沢 MAP 付録P.11 F-3

軽井沢駅南口に広がる「プリンスグランドリゾート軽井沢」の閑静な一角にたたずみ、上質な癒やしを提供。ショッピングプラザ(P.60)のほか、ゴルフ場やテニスコート、天然温泉など、充実した施設の数々も楽しめる。

☎0267-42-1112
所 軽井沢町軽井沢　交 JR軽井沢駅南口から車で5分(軽井沢駅南口から無料送迎あり)　P 57台(1台1泊1000円)
IN 15:00
OUT 12:00　客 100室
予算 1泊2食付2万5616円～

1. ゆとりある空間と洗練されたインテリアでおもてなしするザ・プリンス 軽井沢のエグゼクティブスイートルーム
2. 絶景ダイニングでフレンチを堪能
3. 美しい池とホテルのゴルフ場に面し、ゆったりとした時間が流れる

プライベートな滞在が楽しめる
別荘のようなリゾートホテル

星野リゾート
軽井沢ホテルブレストンコート
ほしのリゾート かるいざわホテルブレストンコート

中軽井沢 MAP 付録P.9 E-3

木立に囲まれたコテージは、プライベートな別荘感覚でくつろげる。日本の四季を映し出すフランス料理を提供する「ユカワタン」(P.80)のディナーや、そば粉のクレープがメインの「ノーワンズレシピ」(P.85)の朝食など、美食も魅力。

☎0267-46-6200
所 軽井沢町星野　交 JR軽井沢駅から無料シャトルバスで20分
P 160台　IN 15:00　OUT 12:00
客 39室(全室禁煙)
予算 1泊朝食付1万8800円～

1. 小高い丘の上の静かな木立の中にたたずむホテルのエントランス 2. 白を基調とした、すがすがしいデザイナーズコテージの室内 3. 優雅に楽しむ開放的なバスルームは、リゾートステイならでは

雄大な浅間山を望みながら
リゾートゴルフを満喫

軽井沢 浅間プリンスホテル
かるいざわ あさまプリンスホテル

南軽井沢 MAP 付録P.4 C-4

全客室が軽井沢の四季を楽しめるバルコニー付き。リラクゼーション施設や温泉棟などもあり、ゆっくりと過ごせる。ゴルフコースに隣接しており、プレーと合わせた宿泊プランも用意されている。

☎0267-48-0001
所 軽井沢町南軽井沢　交 JR軽井沢駅南口から車で10分(軽井沢駅南口から無料送迎あり)　P 136台
IN 15:00　OUT 11:00　客 30室
予算 1泊2食付2万2380円～

1. 軽井沢を一望できる場所に建つリゾートホテル
2. 豊かな自然を満喫できるバルコニー付きのツインルーム
3. 2019年7月に新設された温泉棟「Breeze in Plateau」。浅間山の眺望と温泉に癒やされる(別途料金)

リゾートの極上ホテル

緑眩しい避暑地の
歴史と伝統を感じさせる
ホテル鹿島ノ森
ホテルかじまのもり

1. さわやかな朝にぴったりのフレッシュな朝食メニュー
2. 創業時からの伝統ある味を受け継ぐコンチネンタルルーム
3. 緑と太陽が眩しい開放的な2階建てホテル

旧軽井沢 MAP 付録P.5 D-2

名門ゴルフクラブの華やかな社交場であったロッジを改築したホテル。約3万3000㎡の広大な鹿島の森の中に建ち緑豊かな庭を眺めることができる。敷地内を散策したり、読書などしてゆったりと過ごしたい。

☎0267-42-3535
所 軽井沢町軽井沢1373-6　交 JR軽井沢駅から車で8分　P 50台　in 15:00　out 12:00
室 50室　予約 1泊2食付2万6000円～
※2021年7月中旬までリニューアル工事のため休館中

木立に囲まれた心地よい空間で
ゆったりと過ごすくつろぎのとき
軽井沢マリオットホテル
かるいざわマリオットホテル

中軽井沢 MAP 付録P.4 A-3

中軽井沢の豊かな自然に囲まれたリゾートホテル。全142室の客室を有し、ロビーラウンジとレストランが一体となった「Grill & Dining G」では、地元食材を豪快なグリルで提供。露天風呂やフィットネス、スパなど施設も充実している。

☎0267-46-6611
所 軽井沢町長倉4339
交 JR軽井沢駅から車で15分　P 94台
in 15:00　out 11:00　室 142室
予約 1泊2食付4万3610円～

1. すべての客室に温泉浴室を備えるノースウイング
2. 軽井沢らしい木のぬくもりを生かした客室が揃うメインウイング
3. 愛犬と一緒に泊まれるドッグ対応コテージも

軽井沢●泊まる

クラシカルな空気に浸って
おいしい料理で休日を過ごす
旧軽井沢ホテル 音羽ノ森
きゅうかるいざわホテル おとわのもり

1. 自然光広がるフレンチレストラン「桂姫」
2. 地元野菜をふんだんに使ったディナーコースは3種類から選べる
3. 緑の木々に囲まれたホテルで優雅な休日を過ごしたい

軽井沢駅周辺 MAP 付録P.8 C-2

かつて「軽井沢の鹿鳴館」と称賛された重要文化財の旧三笠ホテルをモチーフにし、創業時からの調度品が配された上品な雰囲気が漂う。こだわりの素材とワインが楽しめるフレンチレストラン「桂姫」のほか、旬の食材を堪能できる串焼きの「音羽亭」も人気。

☎0267-42-7711
所 軽井沢町軽井沢1323-980
交 JR軽井沢駅から徒歩12分　P 65台
in 15:00　out 11:00　室 38室(全室禁煙)
予約 1泊2食付1万5950円～

美食フレンチが高評価の
クラシックホテル
ルグラン旧軽井沢
ルグランきゅうかるいざわ

旧軽井沢 MAP 付録P.8 B-2

旧軽銀座から徒歩6分、アウトレットも徒歩圏内という好立地に立つ。朝は木洩れ日、夜は満天の星に癒やされる露天風呂が人気。メインダイニングでは、各国の星付きホテルで修業を重ねた実力派シェフが手がけるフレンチディナーで信州食材を堪能したい。

☎0267-41-2030
所 軽井沢町軽井沢469-4　交 JR軽井沢駅から徒歩15分　P 45台　in 15:00　out 12:00
室 43室　予約 1泊2食付2万3000円～

1. 最上階の露天風呂では星空を眺めながら湯浴みが楽しめる
2. 伝統のフランス料理をベースとした、ほかでは味わえない逸品
3. 避暑地の街並みに溶け込む風格あふれるたたずまい

美しい水面を眺めながら
愛犬とともに安らぎの時間を
レジーナリゾート
軽井沢御影用水
レジーナリゾートかるいざわみかげようすい
信濃追分 MAP 付録P.12 A-2

ゆっくりと流れる御影用水に面した一等地にたたずむ。天然芝のドッグラン、グルーミングルームなど、愛犬と快適に過ごすことができる空間や設備が整う。すべての客室から御影用水と軽井沢の森を眺めることができ、レストランでは、愛犬用の食事メニューも揃う。

☎0267-41-0411
所 軽井沢町追分49-2 交 しなの鉄道・御代田駅から車で5分 P 26台 in 15:00 out 11:00 室 26室 予約 1泊2食付2万900円～

1. 愛犬同伴可能なレストランも多い御影用水周辺に立地 2.1階客室には専用ドッグランが併設され、直接御影用水に出られる 3.地元食材をふんだんに使ったフレンチを堪能

愛犬とともに訪れ
心からリラックスできる空間
レジーナリゾート旧軽井沢
レジーナリゾートきゅうかるいざわ
軽井沢駅周辺 MAP 付録P.11 D-1

雲場池まで徒歩10分、旧軽井沢銀座までも徒歩圏内の好立地。愛犬との非日常なリゾート体験ができるホテル。緑の木立に囲まれたウッドチップのドッグランや暖炉のあるカフェバーなど、愛犬と穏やかな時間が楽しめる。愛犬の預かりサービスも提供。

☎0267-31-5586
所 軽井沢町軽井沢1323-510 交 JR軽井沢駅から車で10分 P 26台 in 15:00 out 11:00 室 26室 予約 1泊2食付2万2000円～

1. 軽井沢の自然との一体感を感じられる木のぬくもりあふれる設計 2.1階の客室にはウッドチップのドッグランが併設されている 3. ソムリエがセレクトした信州の地酒やワインとともに本格懐石が楽しめる

リゾートの極上ホテル

宿場町の風情に浸る宿

古き良き軽井沢を今に伝える
創業400年の老舗旅館
つるや旅館
つるやりょかん
旧軽井沢 MAP 付録P.7 E-1

江戸時代の初期に中山道の旅籠鶴屋として開業し、年代を感じさせる雰囲気がそこかしこに残る。明治以降は芥川龍之介、室生犀星、堀辰雄といった多くの文人たちが滞在し執筆をした。

☎0267-42-5555
所 軽井沢町旧軽井沢678 交 JR軽井沢駅から車で5分 P 20台 in 15:00 out 11:00 室 25室(全室禁煙) 予約 1泊2食付1万7820円～

1. 和風建築だが、明治以降宣教師が訪れるようになると、館内に西洋風も取り入れられた
2. ベッドルームに6畳の和室付きの和洋室
3. クラシック音楽が流れる落ち着いたロビー
4. 麦飯石やゲルマニウムなどの活性石を通したやわらかなお湯が魅力の浴場
5. 代々当主の隠居仕事であったそば挽きのための水車の枠。今はロビーに飾られている
6. 本館と別館を隔てる中庭は、堀辰雄の小説『美しい村』にも描かれた情緒ある庭

107

| 周辺の街とスポット
| AROUND KARUIZAWA

宿場町の風情と
文学の薫りが旅情を誘う

信濃追分
しなのおいわけ

かつての宿場町の面影が今でも色濃く残る街。この地に息づいた文学の薫りとともに、史跡を巡り歩くのも楽しい。

行き交う旅人たちを迎えた追分ならではの文化発見

江戸時代、中山道と北国街道との分かれ道として旅人たちで賑わった宿場町。明治以降はすっかり静かになったこの地の風情を愛して集まった若き文士たちが残した足跡は、今も多くの人を引き寄せる。

ACCESS
列車 JR軽井沢駅からしなの鉄道で8分
車 軽井沢から国道18号経由で8km

信濃追分文化磁場 油や
しなのおいわけぶんかじば あぶらや
MAP 付録P.12 B-1
由緒ある旅籠から文化発信
旧油屋旅館の建物を利用した文化発信基地。昭和の香り漂う館内の油屋回廊には、ギャラリーやカフェ、アートショップ、古書店など個性豊かな店が並ぶ。

☎0267-31-6511 軽井沢町追分607
11:00~17:00 火・水曜(夏季は無休)、11月~4月中旬 入場無料 しなの鉄道・信濃追分駅から徒歩25分 20台

◯2013年に誕生。予約制で素泊まりも受け付けている(2~3名1室で1人5000円~)
◯和の風情にアートが薫る館内

◯本やアート、クラフトを展示販売する秋の恒例イベント「ホンモノ市」

文士も愛用した旅籠・油屋
中山道追分宿の旧脇本陣を務めた油屋。昭和になって堀辰雄を中心に立原道造、福永武彦といった文士がここを定宿としたことでも知られる。昭和12年(1937)に焼失したが、翌年道路の反対側に再建された。

◯本館2階には堀辰雄の滞在した部屋も残されている

108

堀辰雄文学記念館
ほりたつおぶんがくきねんかん
MAP 付録P.12 B-1
夫人と晩年を過ごした地
信濃追分をこよなく愛し、亡くなる前の2年間を過ごした場所に建てられた記念館。1000点におよぶ遺品や、彼の作品が初版から揃えられ、旧宅と蔵書を収めた書庫も残されている。

☎0267-45-2050 所軽井沢町追分662 営9:00〜17:00(入館は〜16:30) 休水曜(祝日の場合は開館) 料400円(追分宿郷土館と共通) 交しなの鉄道・信濃追分駅から徒歩25分 P15台

↑記念館は晩年を過ごした旧宅の敷地内に建つ

↑旧中山道に面する記念館の入口には、堂々とした追分宿本陣門が移築されている

浅間神社
あさまじんじゃ
MAP 付録P.12 B-1
室町の木造建築が残る
浅間山の鎮静祈願のために室町時代に建立された。境内には松尾芭蕉『更科紀行』の中の一句「ふきとばす石も浅間の野分かな」の句碑が残されている。

☎0267-45-6050(くつかけテラス内観光案内所) 所軽井沢町追分1155-7 営休料参拝自由 交しなの鉄道・信濃追分駅から徒歩20分 P41台

↑本殿は室町時代に建立された軽井沢最古の木造建築
↑この地に伝わる『追分馬子唄』は各地に残る追分節の元祖。「追分節発祥の地」の碑が立つ

追分宿の分去れ
おいわけじゅくのわかされ
MAP 付録P.12 B-2
越後と京への分かれ道
京に向かう中山道と越後に向かう北国街道が左と右に分かれた場所。京や金毘羅、新潟や金沢までの道程が刻まれた道標、地蔵尊、常夜灯など7基の石造物が残る。

☎0267-45-1466(追分宿郷土館) 所軽井沢町追分 営休料見学自由 交しなの鉄道・信濃追分駅から徒歩30分 Pなし

↑常夜灯と道標が目印。交通量が多いので注意
写真提供:信州・長野県観光協会

シャーロックホームズ像
シャーロックホームズぞう
MAP 付録P.12 B-2
翻訳家との縁で追分に立つ
シャーロック・ホームズシリーズの全訳をした延原謙が油屋旅館の離れで翻訳作業をしたことを記念して、有志によって建てられた銅像。

☎0267-45-6050(くつかけテラス内観光案内所) 所軽井沢町追分 営休料見学自由 交しなの鉄道・信濃追分駅から徒歩30分 Pなし

↑庚申塚記念碑広場に静かに立っている

泉洞寺
せんとうじ
MAP 付録P.12 B-1
文士たちが好んだ禅寺
堀辰雄の『樹下』に登場する、慶長3年(1598)創建の寺。左頬に手を当てた姿から歯痛地蔵尊の名で親しまれる石仏が墓地の入口に立っている。

☎0267-45-1354 所軽井沢町追分1259 営休料参拝自由 交しなの鉄道・信濃追分駅から徒歩25分 P30台

↑裏の林の小道は堀辰雄が好んだ散歩道だ

↑境内には歯痛地蔵のほか、追分出身の女流書家・稲垣黄鶴の句碑も残る

立ち寄りスポット
自然のなかの古書店
芸術家のコロニーを夢見て
追分コロニー
おいわけコロニー
MAP 付録P.12 B-1

「エコロジー&エコノミー」をテーマに軽井沢ゆかりの作家、自然関連の著作を集めた古書店。蔵書は児童書から実用書まで幅広い。

☎0267-46-8088 所軽井沢町追分612 営12:00〜17:00頃 休火・水曜(祝日の場合は営業、夏季は無休、冬季は不定休) 交しなの鉄道・信濃追分駅から徒歩25分 P5台

↑併設のカフェでゆったり読書できる

信濃追分

情緒ある街並みが
城下の繁栄を今に伝える

小諸
こもろ

浅間山と千曲川に挟まれた美しい小諸は、城下町と宿場町、そして文士たちに愛された地として今も多くの人々を惹きつける。

数百年の歴史のあゆみと
小諸を愛した文人たち

　江戸時代まで城が置かれ、北国街道の宿場町としても栄えた小諸の町は、文豪・島崎藤村や俳人・高濱虚子らが暮らしたことでも知られる。城跡をはじめとする史跡や浅間山南麓の詩情あふれる景色とともに、散策を楽しんでみたい。

ACCESS
列車 JR軽井沢からしなの鉄道で24分
車 軽井沢から国道18号・県道80号経由で22km

↑桜の名所としても知られる小諸城址懐古園。「日本さくら名所100選」にも選ばれている

軽井沢 周辺の街とスポット

小諸城址懐古園
こもろじょうしかいこえん
MAP 付録P.12A-3

400年のロマン漂う古城
　自然石を積み上げた野面積みの石垣が歴史を感じさせる小諸城跡。城下町より低い位置に建つ穴城だが、土地の形状を利用した堅固な造りで知られる。日本100名城にも指定されている。

☎0267-22-0296　⊕小諸市丁311　⊕9:00（動物園・遊園地9:30）～17:00　⊕12月～3月中旬の水曜　⊕散策券200円（懐古園散策・動物園のみ）、共通券400円（藤村記念館、小山敬三美術館、徴古館、動物園、小諸義塾記念館共通）　⊕しなの鉄道・小諸駅からすぐ　Ⓟ246台（有料）

た小諸城二の丸合戦(P.114)の本拠地とし秀忠が遅参し、真田氏との上田関ヶ原の合戦に向かう徳川

小諸市立小山敬三美術館
こもろしりつこやまけいぞうびじゅつかん
MAP 付録P.12A-3

小諸生まれの世界的洋画家
　小諸に生まれ文化勲章を受章した小山敬三の、少年時代から晩年までの作品を展示。浅間山の風景や城など躍動感あふれる絵画作品のほか、アトリエを移築した記念館も見られる。

☎0267-22-3428　⊕小諸市丁221　⊕9:00～17:00（12～3月は～16:00）　⊕12月～3月中旬の水曜※記念館の開館日は季節により異なる（要問い合わせ）　⊕200円（懐古園共通券500円）　⊕しなの鉄道・小諸駅から徒歩15分　Ⓟ懐古園駐車場利用（有料）

↑小山敬三が小諸市に寄贈した村野藤吾設計の建物を利用

↑茅ヶ崎から移築した住居兼アトリエは記念館に

↑建築家・谷口吉郎の設計による建物

↑記念館前には藤村の像が。館内に展示された藤村の直筆原稿や手紙も興味深い

小諸市立藤村記念館
こもろしりつとうそんきねんかん
MAP 付録P.12B-3

小諸で過ごした6年の軌跡
　かつての恩師であった木村熊二に招かれて小諸義塾に赴任して以来、6年を小諸で過ごした藤村。小諸時代を中心に、藤村の遺墨・遺品や関係資料を展示している。

☎0267-22-1130　⊕小諸市丁315　⊕9:00～17:00（12～3月は～16:30）　⊕12月～3月中旬の水曜　⊕200円（懐古園共通券500円）　⊕しなの鉄道・小諸駅から徒歩5分　Ⓟ懐古園駐車場利用（有料）

上田・松代

時は戦国時代。
敗軍の将でありながら
日本の歴史上に燦然と輝く、
屈指の英雄・真田幸村。
天下人をも震撼させたという
血脈と魂が息づく、
真田家ゆかりの地を巡りたい。

「日本一の兵」を生んだ真田の軌跡に刮目

旅のきほん

エリアと観光のポイント
上田・松代はこんなところです

幸村の父・昌幸が本城を構えた上田をはじめ、信州には真田家ゆかりの史跡が多く残されている。激動の時代に思いを馳せつつ、武将たちの足跡をたどりたい。

真田の力を知らしめた名城跡
上田
うえだ
➡ P.114

徳川家康が真田家を恐れる要因となり、2度にわたって徳川家の大軍を退けた鉄壁の上田城。戦の舞台となった城跡にロマンがあふれる。現在は自然豊かな公園として市民に愛されている。

観光のポイント 上田城 P.114
池波正太郎 真田太平記館 P.115

↑真田幸村の父・昌幸によって築城された

周辺の温泉
別所温泉
べっしょおんせん
➡ P.118

「幸村の隠し湯」として知られる石湯など、歴史ある立ち寄り湯でくつろげる温泉街。「信州の鎌倉」の愛称にふさわしい、数々の古刹にも注目を。

上田・松代●旅のきほん

藩主として真田の家名が存続

松代
まつしろ
→ P.116

幸村とは進む道を違えた兄・信之が、松代藩主となって真田の家名を守った地。江戸時代を通じて真田の魂が受け継がれた城下町だ。

観光のポイント
- 松代城跡 P.116
- 真田宝物館 P.117

↑幸村の兄・信之の代からの真田の居城、松代城跡

真田の郷
長谷寺
真田氏本城跡
真田氏歴史館
真田氏記念公園
殿城山▲
上田菅平IC
上信越自動車道
大屋駅
小諸駅
小諸IC

↑真田氏本城跡から真田町を見下ろす

真田三代の始まりの地

真田の郷
さなだのさと
→ P.122

幸村の祖父・幸隆から始まる真田一族の発祥の地。上田城に移るまで本城があった小高い山上の風景は、幸村の心にも焼きついたことだろう。

観光のポイント
- 真田氏記念公園 P.122
- 長谷寺 P.122
- 真田氏歴史館 P.122
- 真田氏本城跡 P.122

交通 information

上田・松代の移動手段

上田駅を起点に、別所温泉へは上田電鉄別所線でアクセス。真田の郷へは上田駅からの路線バスを利用するか、車を使うのが便利。松代へはしなの鉄道・屋代駅から長電バス・屋代須坂線で26分、または長野駅からアルピコ交通バス・松代線で28分。どちらかの路線バスを活用したい。

周辺エリアとのアクセス

鉄道

JR松本駅
↓ JR特急で43分／JR篠ノ井線で58分
JR篠ノ井駅
↓ JR特急で8分／JR篠ノ井線(またはしなの鉄道)で13分
JR長野駅
↓ 北陸新幹線で11分 ／ しなの鉄道で6分
別所温泉駅 ／ 屋代駅
↓ 上田電鉄で28分 ／ しなの鉄道で21分
JR上田駅
↓ しなの鉄道で45分／北陸新幹線で18分
JR軽井沢駅

車

松本IC
↓ 長野道経由 49km
更埴IC
↓ 長野道・上信越道経由 7km
長野IC
↓ 長野道・上信越道経由 23km ／ 上信越道経由 28km ／ 県道35号経由
真田の郷 ／ 別所温泉 ／ 松代
↓ 国道144号経由 5km ／ 国道18号・県道177号経由 17km
上田菅平IC
↑ 上信越道経由 45km
碓氷軽井沢IC

問い合わせ先

観光案内
- 上田駅観光案内所 ☎0268-26-5001
- 上田市観光課 ☎0268-23-5408
- ゆきむら夢工房 ☎0268-72-2204
- 別所温泉観光協会 ☎0268-38-3510
- 松代観光案内所 ☎026-278-3366

交通
- 上田電鉄 ☎0268-39-7117
- 長電バス 長野営業所 ☎026-296-3208

上田・松代はこんなところです

113

徳川軍を撃退した真田氏居城の街

上田
うえだ

激動の戦国時代を巧みな深謀遠慮で生き抜いた真田一族。上田城を中心とした城下町は、現在は県内第3の規模を誇る。

上田城跡公園
うえだじょうせきこうえん
上田城跡を中心に整備された公園。春の桜や新緑のケヤキが美しい

上田・松代 ● 上田

江戸時代から続く真田人気は衰えることを知らない

真田家に関する歴史や伝説、物語、さらに次々に発見される新事実なども加わって、真田の人気は過熱度を増すばかりだが、その熱狂の中心地として多くの歴史愛好者の好奇心をかき立てるのが上田という街だ。そこを歩けば真田一族の生々しい足跡に出会い、さらには昌幸や幸村、信之らの息づかいまでも感じることができる。上田では戦国時代にどっぷり浸ってみたい。

↑上田駅前には真田幸村の騎馬像が立つ

真田家の歴史を刻む城跡を歩く

上田城
うえだじょう

2度も徳川の大軍を退けた難攻不落の真田の拠点

昌幸が天正11年(1583)に築城。千曲川沿いの断崖や高低差などの自然地形を生かした堅固な防御力を誇り、徳川軍を2度も撃破した上田合戦でよく知られている。仙石忠政によって寛永年間に再興され、その後公園として整備された。

MAP 付録P.13 D-2
☎ 0268-23-5408(上田市観光課)
所 上田市二の丸 休 無料(上田市立博物館300円) 交 JR上田駅から徒歩12分
P 104台(有料)

真田石 さなだいし

東虎口櫓門の正面右手の石垣にあるシンボル的な巨石。松代へ移る信之が父・昌幸の形見に運び出そうとしたが、動かなかったという伝説がある

東虎口櫓門 ひがしこぐちやぐらもん

本丸の入口(虎口)にあたる櫓門で、1994年に復元。左右に建つ北櫓・南櫓は内部を見学できる

西櫓 にしやぐら

本丸の西側を守る隅櫓で、廃城後も石垣以外で唯一現存していた遺構

真田と徳川の因縁の戦い・上田合戦とは

第1次上田合戦
天正13年(1585) 真田2000 対 徳川7000
天正壬午の乱で争う徳川・上杉・北条の3大名の間で、真田昌幸は従属と造反を繰り返しながら勢力を維持し、徳川傘下に入る。真田を軽んじた家康が北条氏直に対し、真田の沼田領を割譲する条件で和睦したため、昌幸はこれを拒否し家康と決別。家康は昌幸の籠る上田城を大軍で攻めるが、昌幸は地の利を生かして応戦、見事大勝した。

第2次上田合戦
慶長5年(1600) 真田3000 対 徳川3万8000
天下統一した豊臣秀吉に真田の所領は安堵され、徳川の関東移封で両者の確執は一応の落着をみた。しかし秀吉の死後、影響力を強める家康に反発する石田三成の要請に応じ、真田家も昌幸・幸村が西軍に参加。関ヶ原の戦いの折には、関ヶ原に向かう徳川秀忠の大軍を上田城で迎え討ち、10倍以上の戦力差を覆して大勝し進軍を阻止。関ヶ原の本戦で西軍が敗れたことで結果的に敗軍の将となったが、徳川に再び真田の恐ろしさを思い知らせたのだった。

◎『真田父子上田籠城図』〈上田市立博物館蔵〉
支城の砥石城を守っていた幸村は、秀忠の命令で攻める兄・信之との交戦を避けるため開城、上田城で父・昌幸とともに秀忠を迎え討った

尼ヶ淵 あまがぶち

かつて本丸南に面して流れていた千曲川の分流のこと。川岸の崖上に城を築き、川を天然の堀として利用した

眞田神社 さなだじんじゃ

真田父子と歴代上田藩主を祀る。「落ちない城」にあやかり、受験生やアスリートの参拝も多い

上田市立博物館 うえだしりつはくぶつかん

本館と別館からなり、真田昌幸をはじめ歴代上田藩主の甲冑などの資料を収蔵。「真田父子犬伏密談図」なども見られる

真田井戸 さなだいど

はるか城北の太郎山まで続く抜け穴が金箔の鯱瓦を載せた建造物があったという伝説のある井戸

本丸跡 ほんまるあと

天守があったかは不明だが、発掘調査から金箔の鯱瓦を載せた建造物があったと思われる

二の丸堀跡 にのまるほりあと

昭和47年（1972）まで電車の線路が敷かれ、現在はケヤキ並木の遊歩道に。奥に見えるのは二の丸橋

注目ポイント
柳町通りで宿場町散歩

柳町は北国街道の宿場町として栄えた区画。柳町通りは石畳の道路や2階建ての平入りの町家が美しく並び、歴史情緒にあふれている。

↪ 江戸時代の風情を今に残る通りを歩いてみたい

↪ 2階「真田太平記コーナー」。同階に「池波正太郎コーナー」もある

池波正太郎 真田太平記館
いけなみしょうたろうさなだたいへいきかん

MAP 付録P.13 F-2

作家愛用の万年筆や帽子、自筆原稿などの資料を展示

作家・池波正太郎による「真田もの」の集大成とされる時代小説『真田太平記』に関する文学館で、1998年に開館。2階の「真田太平記コーナー」や関連映像作品が楽しめる「シアター」などがある。

↪ 風間完による挿絵を展示する「ギャラリー」

☎0268-28-7100
📍上田市中央3-7-3
🕙10:00～18:00（入館は～17:30）
休 水曜（祝日の場合は翌日）
料 400円
🚃JR上田駅から徒歩10分 Ｐなし

大輪寺
だいりんじ

MAP 付録P.13 F-1

真田信之と幸村の生母 寒松院が眠る禅寺

かつては砥石城の東麓にあったとされ、真田昌幸夫人・寒松院の発願によって現在地に再建された。上田に移住した民衆芸術運動で知られる山本鼎の墓もある。

↪ 上田城築城の際に鬼門にあたる位置に建立された曹洞宗の寺院

☎0268-22-0575
📍上田市中央北1-5-7
休 参拝自由（拝観料志納）
🚃JR上田駅から車で10分 Ｐ20台

芳泉寺
ほうせんじ

MAP 付録P.13 D-1

小松姫の宝篋印塔に信之の名が刻まれる

境内の本堂裏手には歴代上田城主である真田家、仙石家の墓所を有する。真田信之の正室、小松姫の墓所は宝篋印塔と呼ばれ、高さは約2.5mほどある。

↪ 上田市内のウォーキング観光スポットにもなっており、上田城からは徒歩10分ほど

☎0268-21-9119
📍上田市常磐城3-7-48
休 参拝自由
🚃JR上田駅から徒歩15分 Ｐ3台

上田城

歴史ある松代藩主・真田10万石の城下町

松代 まつしろ

武田信玄の海津城から始まり、上田から移封された松代藩主・真田信之の居城となった松代城を中心に栄えた街。

太鼓門 たいこもん
松代城の本丸で最大の門。栩（とち）葺きの切妻屋根として忠実に再現。手前には前橋も復元されている

戦国時代からの歴史を今も静かに語りかける北信濃の街

戦国時代の北信地方支配の中心は武田信玄の海津城（のちの松代城）に置かれたが、江戸時代には真田信之が入封し、松代藩10万石の初代藩主となる。以後幕末の10代藩主まで約250年にわたって真田の城下町として続いた。明治維新で城は破却されるが、現在はその一部が復元され、さらに残された多くの貴重な文化財とともに松代の歴史を雄弁に物語っている。

↑江戸時代に城下町の人々に時を告げた松代藩鐘楼

→中級藩士の長屋門を移築復元した旧白井家表門。建物内は休憩所になっている

幸村の兄・信之が治めた名城を訪ねて

松代城跡 まつしろじょうあと

川中島の合戦に備えて信玄が築城し、明治まで真田の居城に

松代城は武田信玄が築いた海津城（かいづ）が前身。元和8年(1622)に徳川幕府の命で真田信之が移封され、以後約250年にわたって真田家の居城となった。明治になって廃城となったが、2004年に櫓門、石垣、土塁などが復元された。

MAP 付録P.17 E-3
☎ 026-278-2801(真田宝物館) 所 長野市松代町松代 開 9:00〜17:00(11〜3月は〜16:30、入場は各30分前まで) 休 無休 料 無料 交 JR長野駅からアルピコ交通バス・松代線で30分、松代駅下車、徒歩5分 P 23台

戌亥の櫓台 いぬいのやぐらだい
本丸の北西に位置。石垣が作る勾配の美しさに石工の高い技術力がうかがえる

埋門 うずみもん
土塁を石垣でトンネル状にくりぬいた門を再現したもの

北不明門 きたあかずもん
本丸の搦手（からめて＝裏口）にある門

真田邸
さなだてい
MAP 付録P.17 E-3

明治維新後は真田家の別邸として使われた

第9代松代藩主・真田幸教の義母・貞松院の住居として元治元年(1864)に建造。当時は新御殿と称された。昭和56年(1981)に松代城とあわせて国の史跡に指定。

→ 江戸末期の貴重な御殿建築様式

☎026-278-6742 ⓘ長野市松代町松代1 ⓗ4～10月9:00～17:00(入館～16:30) 11～3月9:00～16:30(入館～16:00) 休無休 料400円(真田宝物館・文武学校などとの共通券あり) 交JR長野駅からアルピコ交通バス・松代線で30分、松代駅下車、徒歩5分 P30台

文武学校
ぶんぶがっこう
MAP 付録P.17 E-4

文武を奨励した松代藩の近代的な学校の先駆け

安政2年(1855)に開校した松代藩の藩校。授業には東洋・西洋の医学や軍学など、先進的な教育も採用されていた。江戸時代の雰囲気が今も残り、国の史跡に指定。

→ 時代劇のロケにもよく使われる

☎026-215-6152 ⓘ長野市松代町松代205-1 ⓗ4～10月9:00～17:00(入館～16:30) 11～3月9:00～16:30(入館～16:00) 休無休 料400円(真田宝物館・真田邸などとの共通券あり) 交JR長野駅からアルピコ交通バス・松代線で30分、松代駅下車、徒歩7分 P30台

真田宝物館
さなだほうもつかん
MAP 付録P.17 E-3

大名道具や書状など約5万点の資料を収蔵

真田家に伝来した貴重な武具や調度品などを展示。昌幸の「昇梯子の具足」をはじめ、信玄や秀吉、家康らの書状も収蔵する。

→ 常設展示室と企画展示室がある(展示替えあり)

☎026-278-2801 ⓘ長野市松代町松代4-1 ⓗ4～10月9:00～17:00(入館～16:30) 11～3月9:00～16:30(入館～16:00) 休火曜(祝日の場合は開館)、展示替え・館内清掃期間あり(HP参照) 料600円(真田邸・文武学校などとの共通券あり) 交JR長野駅からアルピコ交通バス・松代線で30分、松代駅下車、徒歩5分 P55台

→ 信之所用の「萌黄絲毛引威二枚胴具足(もえぎいとけびきおどしにまいどうぐそく)」(真田宝物館所蔵)

→ 長国寺境内に建つ信之の霊屋。信之は万治元年(1658)に93歳で死去

長国寺
ちょうこくじ
MAP 付録P.17 F-3

信之の移封とともに松代に建立された真田の菩提寺

真田信之の祖父・幸隆が上田に建立した長谷寺(P.122)を、孫の信之が松代に移封されたのに伴って松代に移転させたもの。信之からの歴代藩主の墓所がある。

☎026-278-1270 ⓘ長野市松代町松代1015-1 ⓗ9:00～16:00 休水曜 料境内見学自由、御霊屋・墓所拝観300円(要予約、御霊屋内部拝観は別途500円) 交JR長野駅からアルピコ交通バス・松代線で30分、松代駅下車、徒歩15分 P20台

→ 現在の本堂は明治19年(1886)に再建されたもの。六文銭と鯱が目を引く

松代城跡

周辺の街とスポット
AROUND UEDA, MATSUSHIRO

↑別所温泉の厄除観音として知られる北向観音

古来広く知られた療養地に由緒ある外湯と古刹が残る

約1500年前に日本武尊が発見したのが始まりとされる温泉。『枕草子』に「七久里の湯」の名で紹介されるほか、吉川英治の『新・平家物語』や池波正太郎の『真田太平記』などにも登場する。北条家一門が統治したことから「信州の鎌倉」と呼ばれ、由緒ある3つの外湯(共同浴場)を中心に栄えたこの地には、古刹名刹も多く残されている。

↑常楽寺裏山の杉木立の中、北向観音が出現したという場所に、珍しい石造りの多宝塔が立つ

→湯を3回かけて願をかけると願いが叶うといわれる湯かけ地蔵

真田一族も湯治に訪れた信州最古の温泉
別所温泉
べっしょおんせん

古くからの伝説や文献にその名を残し、鎌倉時代には塩田北条氏によって栄え「信州の鎌倉」とも称された古湯。

大湯
おおゆ
MAP 付録P.14 C-4

木曾義仲と葵御前が過ごした露天風呂付きの外湯

共同浴場には珍しく、小さな露天風呂も備えている。源頼朝・義経兄弟の従兄弟にあたる木曾義仲が愛妾の葵御前を連れ療養に来たことで「葵の湯」とも呼ばれる。

☎0268-38-5750(別所温泉財産区)
所上田市別所温泉 営6:00～22:00(受付は～21:30) 休第1・3水曜(祝日の場合は営業) 料150円 交上田電鉄・別所温泉駅から徒歩8分 P10台

↑3層の屋根が特徴的で、堂々とした印象

石湯
いしゆ
MAP 付録P.14 B-4

『真田太平記』にも登場し著者の筆による標石が立つ

掘り下げられた岩風呂が野趣あふれる印象を与える小さな外湯。入口横に立つ「真田幸村公 隠しの湯」と刻まれた標石は、『真田太平記』著者・池波正太郎の筆によるもの。

☎0268-38-5750(別所温泉財産区)
所上田市別所温泉 営6:00～22:00(受付は～21:30) 休第2・4火曜(祝日の場合は営業) 料150円 交上田電鉄・別所温泉駅から徒歩10分 P7台

↑物語中で幸村が女忍者・お江と出会った

大師湯
だいしゆ
MAP 付録P.14 B-4

北向観音を開創した慈覚大師円仁ゆかりの湯

北向観音の近くにあり、1000年以上の歴史を持つ。天長2年(825)、北向観音堂建立のために当地を訪れた慈覚大師円仁が好んで入浴したことから名付けられたという。

☎0268-38-5750(別所温泉財産区)
所上田市別所温泉 営6:00～22:00(受付は～21:30) 休第1・3水曜(祝日の場合は営業) 料150円 交上田電鉄・別所温泉駅から徒歩10分 Pなし

↑北向観音の参道入口に大師湯飲泉所がある

北向観音
きたむきかんのん
MAP 付録P.14 B-4

本堂が北を向く全国でも珍しい霊場

天長2年(825)に慈覚大師円仁が開創。善光寺(P.126)と向き合うように建っており、あわせて参詣すると縁起が良いという。

☎0268-38-2023
所上田市別所温泉
1666
時休料拝観自由
交上田電鉄・別所温泉駅から徒歩10分 Pなし

→ 境内には、縁結びの霊木とされる樹齢1200年の愛染カツラがある

安楽寺
あんらくじ
MAP 付録P.14 A-3

県内最古の禅寺
八角三重塔で全国的に有名

鎌倉時代中期には信州における学僧の中心道場だったとされる。北条氏の庇護によって栄えたのち一旦衰えるが、室町期に再興。八角三重塔は貴重な禅宗建造物。

☎0268-38-2062
所上田市別所温泉2361 時8:00〜17:00(11〜2月は〜16:00) 休無休 料拝観無料、八角三重塔見学300円
交上田電鉄・別所温泉駅から徒歩13分 P30台

→ 木造の八角塔としては全国唯一という貴重な建築で、県内最初の国宝

常楽寺
じょうらくじ
MAP 付録P.14 B-3

北向観音本坊の古刹
茅葺き本堂の格天井が美しい

天長2年(825)の建立。鎌倉時代には天台教学の拠点として栄えた。弘長2年(1262)の刻銘が残る石造多宝塔は国の重要文化財。常楽寺美術館も併設。

☎0268-37-1234 所上田市別所温泉2347
時6:30〜17:00、美術館9:00〜16:00(季節により異なる)
休無休(美術館は冬季休業) 料入山料100円、美術館500円
交上田電鉄・別所温泉駅から徒歩10分 P50台

→ 現在の本堂は江戸中期に建立。境内の「御舟の松」も目を楽しませる

深い趣と伝統のある温泉宿

「美人の湯」として名高い別所温泉をじっくり味わうなら、宿泊がおすすめ。老舗宿の贅沢な空間でくつろぎたい。

大正ロマンの薫る風雅な日本建築

旅館 花屋
りょかん はなや

大正6年(1917)創業、国の登録有形文化財に指定。館内を彩る四季の日本美と、宮大工が手がけた技と心意気が随所に息づいている宿。

→ 特別室72号室の露天風呂。戸建ての離れで優美なひとときを

MAP 付録P.14 C-4
☎0268-38-3131
所上田市別所温泉169
時IN15:00 OUT11:00 料1泊2食付1万9950円〜
交上田電鉄・別所温泉駅から徒歩5分 P30台

→ 白熱灯がともる宵は渡り廊下の趣が増す

別所温泉

| 歴史 | 動乱の世をひたすらに駆けた、真田の誇りと決死の覚悟 |

真田幸村を生んだ一族の軌跡

戦国時代、信濃の一国衆から始まった真田家の生き残るためのしたたかな知謀と巧妙な戦略…
ときに敵・味方となりながら維新の世まで生き抜いた六文銭。その深謀遠慮のすごさには驚かされる。

戦国時代

幸村へと続く真田の礎を築く
一族開祖は祖父・幸隆

「攻め弾正」と称された、戦上手の幸隆
武田信玄に仕えて真田は歴史の表舞台へ

真田三代の祖・幸隆は信濃国小県郡(現長野県東御市)の豪族・海野氏の一族だったという。一度は海野平合戦で上野に逃れ所領を失うが、天文15年(1546)頃に武田信玄に臣従し、村上氏の砥石城(戸石城)を乗っ取ったことで名を馳せ、天文22年(1553)には真田郷の奪回に成功する。幸隆の長男・信綱や次男・昌輝も信玄の下で大いに活躍し、三男・昌幸はその才能を幼少時から信玄に見いだされ寵愛を受ける。昌幸の信玄への敬慕も深く、幸村の本名「信繁」は信玄の弟・信繁にあやかって昌幸が名付けたものだった。

真田の郷 ▶P.122

一度は奪われたこの地を取り返すために、信玄を主君と定めた幸隆。その決断から、幸村へとつながる真田家の知略と武勇の歴史が動きだした。

↑真田氏本城跡(上)や長谷寺(下)などがある

真田家の主要家系図

※確かな史料では「信繁」といい、「幸村」は後世の軍記物で登場した別名とされる

戦国時代〜関ヶ原の戦い

幸村へと受け継がれた
父・昌幸の智恵と精神

強大な敵に囲まれながらも智計を尽くして奔走
真田と徳川の因縁・上田合戦を経て大名に

信玄の死の翌年、あとを追うように幸隆が没し、信綱・昌輝も戦死したため昌幸が家督を相続。北条方の沼田城を攻め落とし頭角を現す。武田氏が滅亡し、本能寺の変で織田信長が倒れると、空白地帯となった旧武田領をめぐる「天正壬午の乱」の渦中で昌幸は武田遺臣をまとめあげ、勢力維持のため大胆にも徳川・上杉・北条の3大名の間を渡り歩く。徳川と北条の和睦、家康の昌幸暗殺計画などで沼田領をめぐる真田と徳川・北条の確執が決定的になると、第1次上田合戦で徳川を撃退し、ついに真田氏は大名として台頭。豊臣に臣従し、その智将ぶりは「表裏比興之者」と評された。慶長5年(1600)の関ヶ原の戦いでは昌幸・幸村は西軍、信幸は東軍と分かれ、昌幸・幸村は第2次上田合戦で徳川秀忠の大軍を退けたが、関ヶ原本戦では東軍の勝利に終わる。

上田 ▶P.114 徳川・上杉・北条の領土争奪戦のなかを知略でくぐり抜けていった昌幸が本拠地とし、居城と城下町を築いた。

真田家の家紋、六文銭の由来

六文銭は三途の川の渡し賃を意味し、決死の覚悟を表すもの。幸隆が武田氏に臣従した頃から、旗印に用いたのが始まりとされる。

↑『真田父子犬伏密談図』〈上田市立博物館蔵〉家康に反発する石田三成からの書状を受け、真田家の去就を話し合う昌幸(右)、信幸(左手前)、幸村(左奥)。昌幸と幸村は反徳川勢力の西軍に、家康の養女を妻とする信幸は徳川方の東軍につくことを決断。袂を分かつことになった「犬伏の別れ」

大坂冬の陣 大坂夏の陣
命を賭けて宿敵に挑む
日本一の兵・幸村激闘

またも徳川を震撼させた真田の血
日本史上最大の合戦を舞台に伝説が誕生する

関ヶ原の戦い後、信之の嘆願により死罪を免れ九度山に謹慎となった昌幸・幸村。昌幸は幽閉中に病死するが、慶長19年(1614)、徳川幕府と豊臣家の関係が悪化すると、幸村と嫡男・幸昌父子は大坂城の豊臣方に合流。幸村の軍勢はかつての武田軍由来の「赤備え」で出陣、大坂城南側に出城「真田丸」を築き、大坂冬の陣で攻撃を仕掛けた幕府軍を大敗させ大打撃を与える。幸村の勇名はこの真田丸の戦闘で一躍知れ渡った。不利とみた徳川は大坂城の堀の埋め立てや真田丸破棄を条件に豊臣と一旦和睦し、翌年の夏の陣で再攻撃。防御の術のない圧倒的不利に、幸村は決死の覚悟で敵本陣に突撃し家康に肉薄するものの、壮絶な戦死を遂げ、幸昌も豊臣秀頼・淀君に殉じて自害。しかし幸村の活躍は「日本一の兵」と称賛され、語り継がれることになる。

↑『真田幸村巡見図』〈上田市立博物館蔵〉より、家康を追いつめる幸村と身を隠す家康。家康は自刃を覚悟したという。家康が馬印を倒されるほど追いつめられたのはこのときが生涯2度目。奇しくも、かつて幸村の祖父や父が仕えた武田信玄に、三方ヶ原の戦いで敗れて以来のことだった

江戸時代～
駆け抜けた弟への想いは不朽
次代へつなぐ兄・信之（のぶゆき）

家を分けて家を守った親子3人の関ヶ原の先
松代の地で真田家は幕末まで10代続く

関ヶ原の戦いで決別したあとも、信幸は離縁を示すため信之と改名しながらも、謹慎中の昌幸・幸村の生活を自費で援助するなど親弟を思いやり続けた。大坂の陣では信之は病で出陣しなかったが、長男・信吉と次男・信政が代理で出陣し徳川に忠義を示した。やがて信之は2代将軍秀忠の命で上田から松代に加増移封し松代藩主に。こうして徳川方につくことで信之の守った真田の家名が、幕末まで続くことになる。

松代 ◯P.116 徳川家に忠義を尽くし、初代松代藩主となった信之。真田の家名はこの地で明治維新まで保たれることになった。

真田一族 歴史年表

西暦	元号	事項
1541	天文 10	武田信虎、諏訪頼重、村上義清ら同盟軍の侵攻による海野平合戦。幸隆は上州へ逃れる。武田晴信(信玄)が父・信虎を追放し家督を継承すると、のちに幸隆は武田氏に臣従
1551	20	2度にわたり武田の攻勢を退けた村上義清に対し、幸隆は謀略で砥石城(戸石城)を乗っ取る
1553	22	幸隆の謀略で村上義清の葛尾城が自落、幸隆は旧領を完全に回復。昌幸は武田家への人質として甲斐国に下り、信玄から寵愛を受ける
1572	元亀 3	三方ヶ原の戦いで信玄軍が徳川家康を大敗させる。信綱、昌輝、昌幸も出陣していたという
1573	4	信玄死去。子の勝頼が武田氏の家督を継承
1574	天正 2	幸隆死去。信綱が真田氏の家督を継承
1575	3	長篠の戦いで信綱、昌輝が討死したことで、昌幸が真田氏の家督を相続
1579	7	昌幸、勝頼の命で北条氏の所領・沼田領を攻めるべく謀略で活躍。翌年には沼田城を落とす
1582	10	織田信長・徳川家康連合軍による甲州征伐で武田氏滅亡。本能寺の変で信長が落命すると、徳川家康・上杉景勝・北条氏直が旧武田領をめぐって天正壬午の乱に突入。昌幸は旧武田家臣を取り込み、真田家もこの勢力争いに参入
1583	11	昌幸、上田城築城（上田城 ◯P.114）
1585	13	沼田領をめぐり徳川・北条と決定的に対立する昌幸は、幸村(信繁)を人質として上杉氏のもとに置き景勝に従属。昌幸と信幸、第1次上田合戦で徳川軍に大勝。幸村は景勝の盟主である豊臣秀吉に出仕し、昌幸は豊臣家に臣従
1589	17	昌幸と家康、秀吉の裁定で和睦。家康は本多忠勝の娘・小松姫を養女とし、信幸に娶らせる
1590	18	秀吉の小田原征伐に昌幸・信幸とともに幸村も参戦、初陣を飾る。北条氏滅亡。秀吉は家康を関東に移し牽制、昌幸は旧領を安堵される。真田領と確定した沼田領は信幸に与えられる
1598	慶長 3	秀吉が死去し、家康が台頭
1600	5	関ヶ原の戦い。昌幸・幸村は西軍、信幸は東軍につく。昌幸・幸村が第2次上田合戦で徳川秀忠の大軍を退けるも、西軍は敗北。昌幸・幸村は九度山に配流され、信幸は名を信之と改め、昌幸の旧領を継ぎ上田藩主となる
1611	16	昌幸、九度山にて病死(享年65)
1614	19	大坂冬の陣。幸村、その武名を天下に轟かす
1615	20	大坂夏の陣。幸村、壮絶な討死を遂げる
1622	元和 8	信之、松代藩主となる（松代城跡 ◯P.116）。以後、真田家は江戸時代を通じて存続

真田幸村を生んだ一族の軌跡

一族発祥の地、真田の郷へ

もとは信濃の一国衆から始まった真田家。真田三代の一番手である幸隆の代から一族が大切に守り愛した地を、ドライブで巡りたい。

↑上田盆地の開けた景観が眼下に望める

1 真田氏記念公園
さなだしきねんこうえん

真田三代の歴史に思いを馳せて

昭和60～61年（1985～86）放映のNHKドラマ『真田太平記』を記念して開園。原作者・池波正太郎の筆による「真田氏発祥の郷」石碑が立つ。

↑郷の入口にあたる位置にある小さな公園。幸隆、昌幸、幸村の顔の3つのレリーフ像がある

MAP 付録P.14 B-2
☎0268-72-4330（真田地域自治センター 産業観光課） 所上田市真田町下原 時休料入園自由 交JR上田駅から車で20分 P5台

2 真田氏歴史館
さなだしれきしかん

幸村の肖像画も展示

古文書や武具などから真田の歴史を紹介。年代順に展示された資料のほか、真田氏本城跡のジオラマや『大坂夏の陣図屏風』レプリカなども興味深い。

↑隣接して喫茶スペース「真田庵」もある

MAP 付録P.14 C-1
☎0268-72-4344
所上田市真田町本原2984-1 時9:00～16:00 休火曜（祝日の場合は翌日） 料250円 交JR上田駅から車で25分 P35台

↑自然地形を巧みに活用したと推測される

3 真田氏本城跡
さなだしほんじょうあと

真田の地を見下ろす本城の面影

幸村の祖父・幸隆が整備し、天正13年（1585）に父・昌幸が上田城に移るまで真田家の本城とされた山城。廃城後の跡地に曲輪群などの遺構が残る。

MAP 付録P.14 C-1
☎0268-72-4330（真田地域自治センター 産業観光課） 所上田市真田町長5029-3 時休料見学自由 交JR上田駅から車で30分 P10台

4 長谷寺
ちょうこくじ

幸隆を開基とし、昌幸が整備した

幸隆を開基とする寺で、松代に信之が建立した長国寺（P.117）の末寺となった。幸隆夫妻と昌幸の墓がある。境内に咲くしだれ桜も圧巻。

↑真田幸隆公夫妻、昌幸公墓所

↑六文銭が刻まれたアーチ状の石門にも注目

MAP 付録P.14 C-1
☎0268-72-2040 所上田市真田町長4646 時休参拝自由 交JR上田駅から車で35分 P10台

所要◆約3時間

ドライブコース

上田駅
↓車で20分
1 真田氏記念公園
↓車で5分
2 真田氏歴史館
↓車で5分
3 真田氏本城跡
↓車で5分
4 長谷寺
↓車で35分
上田駅

上田・松代●歴史

OTONATABI
Nagano, Zenkoji

長野・善光寺

日本に仏教が伝わった古(いにしえ)のときから、
ともにその歴史を積み重ねてきた
名刹・善光寺。
創建以来約1400年間、
民衆の心の拠り所であり続ける
一光三尊阿弥陀如来との
結縁の場へ。

絶対秘仏の御本尊を祀る古寺と門前町

©善光寺

旅のきほん

エリアと観光のポイント
長野・善光寺はこんなところです

「一生に一度は善光寺参り」と謳われた名刹の参道に、全国からの参詣者で賑わう門前町が広がる。賑やかな仲見世通りをのんびり歩きながら善光寺を目指そう。

創建約1400年を誇る名刹
善光寺周辺 ➡ P.126
ぜんこうじしゅうへん

仏教伝来の折、ともに伝えられたという日本最古といわれる霊仏「一光三尊阿弥陀如来」は、けっして人目に触れることのない「絶対秘仏」の御本尊。あらゆる衆生を極楽浄土に導くといい、「牛に引かれて善光寺参り」という説話が残されているほど広く信仰を集めた。

観光のポイント
善光寺 P.126
城山公園 P.134

©善光寺

善光寺の門前町として発展
長野駅周辺 ➡ P.134
ながのえきしゅうへん

門前町らしく、市街中心部の中央通りが駅前から善光寺まで北へほぼ一直線に延びている。便利な駅ビルや蔵の街並みを再現した商業施設に立ち寄ってみたい。

観光のポイント
MIDORI長野 P.135
ぱてぃお大門 蔵楽庭 P.135

周辺の街
小布施 ➡ P.136
おぶせ

名産の栗が江戸幕府へも献上されたという「栗の街」として名高い。画狂人・葛飾北斎が晩年を過ごしたことで知られる芸術の街でもある。

⬆桜の名所としても知られる城山公園

交通 information

長野・善光寺の移動手段

善光寺へは、北陸新幹線が乗り入れている長野駅から大門前までアルピコ交通の路線バスを利用するのが基本。色違いの3台が走るレトロ調バス「びんずる号」にぜひ乗車したい。車の場合、長野ICのほか須坂長野東ICからもアクセスできるが、善光寺の駐車場は混み合う心配もあるので注意。

写真提供：信州・長野県観光協会

周辺エリアとのアクセス

鉄道

JR松本駅
↓ JR特急で 43分／JR篠ノ井線で 58分
JR篠ノ井駅
↓ JR特急で 8分／JR篠ノ井線（またはしなの鉄道）で 13分
JR長野駅

長野電鉄特急で 23分 ← → しなの鉄道で 27分／北陸新幹線で 11分

小布施駅		JR上田駅

↓ しなの鉄道で 45分／北陸新幹線で 18分

JR軽井沢駅

車

松本IC
↓ 長野道経由 49km
更埴IC
↓ 長野道・上信越道経由 7km
長野IC
↓ 上信越道経由 10km
須坂長野東IC
↓ 上信越道経由 7km
小布施PA

上信越道経由 28 km

上田菅平IC
↑ 上信越道経由 45km
碓氷軽井沢IC

問い合わせ先

観光案内
長野市観光情報センター ☎026-226-5626
長野市観光振興課 ☎026-224-8316
ながの観光コンベンションビューロー ☎026-223-6050
小布施文化観光協会 ☎026-214-6300

交通
アルピコ交通長野駅前案内所 ☎026-227-0404
しなの鉄道 ☎0268-21-4700

長野・善光寺はこんなところです

注目の観光列車「ろくもん」

自然に恵まれたリゾート地・軽井沢から、歴史ロマンのあふれる城下町・上田を通り、善光寺の門前町・長野までを結ぶしなの鉄道の観光列車。目を引く濃い赤の車両内は、信州産木材をふんだんに使用。快適でぬくもりのあるラウンジ風の空間になっている。

運行日時 主に金～月曜に運行
下り:1号10:34軽井沢～長野駅間／3号「信州プレミアムワインプラン」17:12軽井沢～長野駅間 ※3号は特定の日に運行
上り:2号12:23長野～軽井沢駅間 ※2号は特定の日に運行／4号13:35長野～軽井沢駅間

料金「乗車券＋指定席プラン」(区間運賃＋指定席券1020円)、沿線地域の食材を使用した食事が味わえる「食事付きプラン」(1万5800円)から選べる3号「信州プレミアムワインプラン」1万5800円。

予約受付 乗車券＋指定席プランは乗車日の1カ月前の10:00から前日まで、食事付きプランは旅行月の2カ月前の1日から7日前まで、下記予約センターまたは軽井沢、小諸、上田、戸倉、屋代、長野の各駅で予約を受け付ける(web予約あり)。

「ろくもん」予約センター
☎0268-29-0069(10:00～13:00 14:00～17:00 ※土・日曜、祝日休)

善光寺周辺
ぜんこうじしゅうへん

人々を極楽浄土へ導く日本有数の古刹

阿弥陀如来との結縁の場として、宗派を問わず開かれた心の拠り所。年間約600万人の参詣者が訪れる。

長野・善光寺 ●善光寺周辺

日本最古とされる仏像が見守る 約1400年の歴史を誇る名刹

善光寺
ぜんこうじ

圧倒的存在感を持つ壮大な木造建築にけっして人目に触れない絶対秘仏を祀る

　欽明天皇13年(552)に伝来した日本最古といわれる仏像「一光三尊阿弥陀如来」が御本尊。寺の創建は飛鳥時代の皇極天皇3年(644)と伝えられ、仏教の各宗派が生まれる前の創建のため、どの宗派にも属していない。御本尊は人目に触れることの許されない絶対秘仏とされ、数えで7年に一度、秘仏の分身である前立本尊が御開帳される。商店の並ぶ賑やかな仲見世から山門を抜けると、重厚な構えを見せる巨大な国宝・本堂が現れる。暗闇を巡り極楽往生を願うお戒壇巡りやびんずる尊者など、ご利益スポットが各所にある。

⬆本堂は棟がT字型で、撞木(しゅもく)造りと呼ばれる独特の構造を持つ

⬆天台宗大勧進(左)と浄土宗大本願(右)の住職が、共同で善光寺住職を兼務。大本願の住職は皇室ゆかりの尼僧が務める

MAP 付録P.16 B-1

☎026-234-3591　所長野市長野元善町491-イ　お戒壇巡り4:30～16:30 冬季6:00～16:00頃、史料館・山門・経蔵9:00～16:00　休無休　参拝自由、内陣券(お戒壇巡り、史料館)500円、山門拝観料500円、経蔵拝観料300円、三堂・史料館参拝券1000円　P400台(有料)

画像提供:善光寺

善光寺へのアクセス

電車とバス、車といずれも便利

長野駅からはバスが運行。門前町の雰囲気を味わいつつ歩くのもおすすめ。

バスでアクセス

JR長野駅の善光寺口バスロータリー1番乗り場から、アルピコ交通の路線バス・善光寺方面行き（10系統・善光寺大門行き、11系統・宇木行き、16/17系統・若槻東条行き）で約8分（運賃150円）、善光寺大門で下車後、参道を徒歩約5分。バスはいずれかの系統が5～10分に1本運行しており、10系統ではレトロ調のバス『びんずる号』が走る。また、市内中心部を周遊する『ぐるりん号』でも善光寺大門までアクセスできるが、停留所の位置は路線バスと異なるので気をつけたい。

車でアクセス

上越自動車道・須坂長野東IC、または長野ICから長野市街に入る。どちらのインターで下りても所要時間は約30分ほど。善光寺までの道案内は標識が随時出ているので、迷う心配は少ない。

須坂長野東IC → 県道58・375号、国道19号、県道399・37号経由 30分 → 善光寺

長野IC → 県道35号、国道117・19号、県道399・37号経由 30分 → 善光寺

徒歩でアクセス

JR長野駅から駅前広場を少し進み右折すると、善光寺まで表参道である中央通りが一直線に延びており、徒歩30分弱で到着。距離上は長野電鉄・善光寺下駅が善光寺まで徒歩10分ほどで最も近いが、表参道ではなく脇道から善光寺に入る形になり、坂道を上る必要もある。歩くなら長野駅からがおすすめ。

長野駅 → バス アルピコ交通路線バス 10系統/11系統/16系統/17系統で8分 → 善光寺大門 → 徒歩5分 → 善光寺

注目ポイント

善光寺の参道・仲見世通り（なかみせどおり）

仁王門から山門まで、約400m続く石畳の参道両側には、みやげ物屋や仏具店、旅館などが軒を連ね、参詣者を賑やかに迎える。おやきやそばまんじゅうなどの食べ歩きも楽しめる。美しく整えられた石畳はおよそ7777枚あり、長野市の文化財に指定。

善光寺みやげが店 先に並ぶ

信州が誇る大門前町の街並み

古くから多くの人々の信仰を集め参詣者が訪れる善光寺では、何百年も前から参道周辺に門前町が形成された。軒を連ねる商店や問屋で賑わったほか、参詣者が宿泊するための宿坊を兼ねた小さな寺院も多数立ち並んだ。現在も本通りの両側は、宿坊が集まった落ち着いた街並みが残る。

明治初期の善光寺境内略絵図（『神社仏閣地図』〈国立国会図書館蔵〉より）

善光寺の行事に参列

一般の参詣者が参列できる主な法要は以下のとおり。朝のお勤めやお数珠頂戴は早朝なので、参道周辺の宿坊に前泊するのがおすすめ。

365日欠かさないお勤め

お朝事　おあさじ

日の出の時刻に合わせて毎朝行われる法要。一般参列でき、天台宗と浄土宗それぞれの法要が約1時間かけて行われる。

開催日時　毎朝、日の出の時間から

早朝参拝には宿坊が便利

善光寺には39の宿坊があり、予約すれば宿泊できる。宿坊によっては精進料理も用意してくれるので、組合に相談してみたい。
善光寺宿坊組合 ☎026-237-7676

早起きして功徳を授かる

お数珠頂戴　おじゅずちょうだい

住職がお朝事のため本堂に向かう際と退堂する際、参道にひざまずく信徒の頭を数珠でなで、功徳を授けてくれる儀式。

※新型コロナウィルス感染防止のため当面見送り

昼間のお勤めは定例日に

日中法要　にっちゅうほうよう

毎月15日をはじめ、定められた日の日中に行われる法要。参詣者から受け付けた供養や祈願も行う。

開催日時
3・8・10月を除く毎月15日と4月15日～7月15日・9月1～30日の毎日、午前11時と正午の2回実施（法要受付はどちらか1回）

迫力ある読経を体験

大般若会　だいはんにゃえ

大太鼓や双盤が打ち鳴らされるなか、600巻にわたる膨大な経典『大般若経』が転読（略読）される。

開催日時
毎月15日（3・7・10月はお朝事後、2・4・6・8・11・12月は正午、1・5・9月はお朝事後と正午の2回）

見どころ多数の境内へ！
善光寺参拝コース

本堂を筆頭に貴重な文化遺産が多数点在。厳かな雰囲気の境内を隅々まで巡ろう。

1 仁王門
におうもん
最初に迎えてくれる門

創建は江戸中期。2度の焼失に遭い、現在の門は大正7年(1918)の再建。左右に立つ勇壮な仁王像は、高村光雲と弟子・米原雲海の作。

⬇ 迫力ある仁王像が守護。背後に三宝荒神像と三面大黒天像も

2 山門（三門）
さんもん
上層に文殊菩薩を安置

寛延3年(1750)建立で国の重要文化財。屋根は平成の大修理によって、創建時のサワラ板による柿葺きになった。上階に上れる（有料）。

注目ポイント
鳩字の額
楼上に掲げた扁額には、善光寺の文字に5羽の鳩が隠れている。善の字が、寺にゆかりの深い牛の顔に見えるとも。じっくり眺めてみよう。

⬆ 山門は高さ約20m。上層では文殊菩薩騎獅像などを拝観でき、仲見世を一望

注目ポイント
内々陣から「お戒壇巡り」へ

内陣の右奥にお戒壇巡りの入口がある。御本尊真下の真っ暗な回廊を巡り、極楽の錠前に触れられると、極楽往生が約束されるという。錠前は秘仏である御本尊のちょうど真下に掛けられており、錠前に触れることで御本尊との縁が結ばれると信じられている。内陣券を購入すると体験できる。

3 本堂
ほんどう
国宝建築で東日本最大級

宝永4年(1707)再建。江戸中期の代表的な寺院建築で、高さは約29m。約24mの間口に対し、奥行が約54mと広いのが特徴。外陣、内陣、内々陣に分かれ、内々陣の左奥に秘仏の本尊を安置する。

⬇ 内陣は約150畳敷もの広さ。欄間に燦然と輝く来迎二十五菩薩は圧巻

⬆ 仏塔の形式を持つ霊廟。本尊・善光寺如来の分身仏を安置する

4 日本忠霊殿（善光寺史料館）
にほんちゅうれいでん
（ぜんこうじしりょうかん）

英霊を祀る
日本で唯一の仏式霊廟

戊辰戦争から第二次世界大戦までに犠牲となった240万余柱の英霊が祀られている霊廟。1階に併設する史料館では、什物や絵馬を展示する。

参拝の目安 ◆ 約1時間

善光寺参拝コース

1 仁王門 → 徒歩3分 → 2 山門(三門) → 徒歩1分 → 3 本堂 → 徒歩3分 → 4 日本忠霊殿(善光寺史料館) → 徒歩3分 → 5 経蔵 → 徒歩1分 → 6 歴代回向柱納所 → 徒歩3分 → 7 鐘楼・梵鐘 → 徒歩3分 → 8 授与品所 → 徒歩2分 → 9 ぬれ仏(延命地蔵) → 徒歩1分 → 10 六地蔵

↑宝形造(ほうぎょうづくり)のお堂で国の重要文化財

5 経蔵 きょうぞう
ありがたいお経を収める書庫

宝暦9年(1759)の建立。仏教経典を網羅した『一切経』を収める。経蔵内の輪蔵を回すことで『一切経』を読経したのと同じ功徳が得られるという。

↑古いものほど短く、やがて土に還る

6 歴代回向柱納所 れきだいえこうばしらおさめじょ
御開帳のシンボルが並ぶ

過去の御開帳の際に、前立本尊と善の綱で結ばれていた歴代の回向柱が並ぶ。昭和36年(1961)から2015年までの10本がある。

7 鐘楼・梵鐘 しょうろう・ぼんしょう
長野五輪の開会の鐘

鐘楼は嘉永6年(1853)の建立。梵鐘は寛文7年(1667)の鋳造で、国の重要美術品に指定されている。10～16時の毎正時に時を告げる。

↑長野冬季オリンピックの開会を告げる鐘として使われた

8 授与品所 じゅよひんじょ
多彩なお守りやおみくじ

善光寺オリジナルのお守りや恋みくじ、数珠、絵馬などがずらりと並ぶ。供養や祈祷の申込、御朱印の受付をする窓口もある。

↑お守りは種類豊富。オリジナルデザインの御朱印帳も

9 ぬれ仏(延命地蔵) ぬれぼとけ(えんめいじぞう)
悲恋物語の伝説を持つ

恋人に会うため、江戸に大火を出したという八百屋お七の霊を鎮めるため、恋人が建立したとの伝説が残る。

↑別名「八百屋お七のぬれ仏」

10 六地蔵 ろくじぞう
六道に迷える人々を救う

地獄、餓鬼、畜生、修羅、人、天の6つの死後の世界で救ってくれる菩薩が並ぶ。昭和29年(1954)の再興。

↑江戸中期に作られた初代六地蔵は戦時中の金属類の供出により失われた

写真提供:善光寺

善光寺参拝コース

老舗の味わい
そば

参詣者がひと息つくための茶屋から始まった「門前そば」。職人の技と心が、旅人を癒やす。

天ざるそば(並)
1067円
味濃く喉ごしの良い粗挽きそばの小盛りと、地元で採れる季節ごとの山菜や野菜の天ぷら5品をリーズナブルに

そば処 小菅亭
そばどころこすげてい

MAP 付録P.16 B-2

老舗でいただく香り高い二八そば

明治28年(1895)創業、善光寺門前の老舗。国産の厳選粉使用の香り高い二八そば。厳選されたカツオ節を惜しみなくたっぷりと使った独特の風味のだしは、そばとの相性も抜群。

予約 可
予算 1000円～

☎ 026-232-2439
所 長野市東之門町367
時 11:00～15:00(LO14:30)
休 不定休
交 JR長野駅からアルピコ交通バス善光寺線で8分、善光寺大門下車、徒歩5分
P 7台

↑広い座敷席では、ゆっくりくつろいでそばを味わえる

↑善光寺からほど近く、参道の裏路地にある老舗そば屋

長野・善光寺 ● 善光寺周辺

善光寺の参道・仲見世通り近くで信州と古刹の歴史を感じる一食を

伝統のおもてなし 門前町の味

長野駅前から善光寺までの表参道を中心に広がっているのは、信州でも有数の門前町。古来より参詣者をもてなした味わいがここに。

←もとは呉服屋だった建物を利用した店内は、歴史と風趣を感じさせる(左)。甘辛く煮たニシンをのせた温かいにしんそばもおすすめ(右)

予約 可(繁忙期は不可)
予算 800円～

かどの大丸
かどのだいまる

MAP 付録P.16 B-2

店内で職人が打つすべて手打ちの門前の店

善光寺の境内の入口に店を構える老舗そば屋。120年続く店内の造りは昔のままの趣を感じられる。1・2階にある広々とした席で、いち押しの「さらしなそば」を堪能したい。

☎ 026-232-2502
所 長野市大門町504
時 9:30～16:45(LO)
休 不定休
交 JR長野駅からアルピコ交通バス善光寺線で8分、善光寺大門下車すぐ
P 7台

さらしなそば
1000円
職人が店内で手打ちしているそばは、国産の良質粉を使っているので喉ごしが良く旨みがある

↑表参道に面した店頭では職人によるそば打ちが見られる

ヘルシーな伝統食
精進料理

季節を重んじ、素材の味を生かして彩りも美しく作る。伝統の膳を宿坊でいただく。

兄部坊
このこんぼう

MAP 付録 P.16 B-2

静かな癒やしの宿でいただく心と体をきれいにする料理

宿坊の名「兄部坊」は、仏事を仕切る職位「兄部」にあったことに由来している。日常から離れ、やさしい食事を楽しみたいという健康志向の女性客も多いそう。

☎ 026-234-6677
所 長野市元善町463
営 予約時に要相談
休 要問い合わせ
交 JR長野駅からアルピコ交通バス善光寺線で8分、善光寺大門下車、徒歩1分
P 善光寺駐車場利用

予約	要(2名〜)宿泊客優先
予算	L 3300円〜 D 5500円〜

▶ 季節の精進料理 3240円〜
写真は春の精進料理の例。そら豆をさや付きで焼いたものなど、季節の食材をたっぷり使って、揚げ物や茹でものなどさまざまな料理を提供

▶ 赤い門が印象的な、ていねいに整えられた入口

▶ 季節の花が出迎える、しっとりとした趣ある玄関

▶ 信州の食材で作られる、心づくしの精進料理を

▶ 精進懐石料理 昼3240円〜、夜5400円〜
季節によって内容が変わる料理は、滋味深い味わい。精進懐石のほか、コースも提供

予約	要
予算	L 3240円〜（個人） 2160円〜（団体） D 5400円〜

常住院
じょうじゅういん

MAP 付録 P.16 B-1

季節の味をお寺のおもてなしで

常住院では宿泊（1泊2食付き1万3000円〜（税別）、善光寺参拝の案内もあり）のほかに法事席や赤ちゃんの初まいり、七五三席などの祝い席も承る。椅子とテーブルで気軽に食事ができるので、善光寺参拝の折に訪れる人が多い。

☎ 026-232-3090
所 長野市元善町474
営 予約時に要相談
休 要問い合わせ
交 JR長野駅からアルピコ交通バス善光寺線で8分、善光寺大門下車、徒歩5分
P 善光寺駐車場利用

▶ 仏間にはご本尊として、大日如来像を安置。院の名前は、「常に仏性が、我々の心の中に宿る」に由来する

▶ 季節の野菜を使った、精進料理（左）とお子様料理（右）の一例

伝統のおもてなし 門前町の味

参詣のあとは善光寺近くの休憩処でゆっくり

門前カフェの休息

厳粛な雰囲気に浸った参詣のあとは、善光寺界隈のカフェに立ち寄ってくつろぎの時間を過ごしたい。

↑レトロな雰囲気のSHINKOJI CAFÉ。壁面には明治時代の門前界隈の地図が描かれている

モダンなカフェでいただく絶品定食&スイーツ

SHINKOJI CAFÉ
シンコウジ カフェ

MAP 付録P.16 B-2

提携農園から仕入れた野菜や手作り味噌など、こだわりの食材で作る家庭的なメニューが好評のカフェ。店内では地元作家による陶器やアクセサリーなども販売する。

☎ 026-217-0170
⌂ 長野市東町142-2 SHINKOJI北棟1F
⏰ 10:00～16:30(LO)
休 月曜、第2・5火曜
交 JR長野駅からアルピコ交通バス善光寺線で8分、善光寺大門下車、徒歩2分 P 4台

↑夏季限定の人気スイーツ、抹茶黒蜜パフェ590円

↑ナッツとキャラメルアイスのワッフル550円

長野・善光寺 ● 善光寺周辺

歴史ある重厚な建物でくつろぎの時間を過ごす

THE FUJIYA GOHONJIN
ザ フジヤ ゴホンジン

MAP 付録P.16 B-2

大正ロマンあふれる建物は国の登録有形文化財、江戸初期に創業した老舗。善光寺参拝後は、クラシカルな趣のラウンジでスイーツやドリンクを楽しみたい。

☎ 026-232-1241
⌂ 長野市大門町80
⏰ 11:00～14:00(LO) 17:30～21:00
休 無休
交 JR長野駅からアルピコ交通バス善光寺線で8分、善光寺大門下車すぐ
P 提携駐車場利用

↑善光寺にほど近い立地

↑ソファ席もあり、ゆったりした雰囲気で食事ができる

藤屋りんごパイ 800円
酸味と甘みがバランス良く引き立つアップルパイにアイスクリームを添えて

本日のランチ 880円
栄養バランスも考えられた彩り豊かな日替わりランチ。メインは肉、魚、カレーライスから選べる

↑古い建物をリノベーションしたカフェ。店内では雑貨などの販売も

参道沿いに立ち並ぶ老舗の名店で探す、美味なる逸品の数々
旅人の心をつかむ善光寺みやげ

古来、多くの商店や問屋が軒を連ねた善光寺の表参道。往時の旅人たちも、参詣帰りのおみやげを吟味したことだろう。

A 焙煎一味缶
厳選した国産唐辛子を使用。素材の甘みや香りが生きるよう焙煎することで、食欲をそそる痛快な辛さに
540円(12g)

A ゆず七味缶
「七味唐からし」に加えたゆずの香りがひと振りで広がり、おいしさがいっそう際立つ
648円(12g)

A 深煎七味缶
じっくり焙煎した白ごまを加え、仕上げに青のりとゆずで香りを調整。香辛ともにバランス良好
720円(14g)

A 七味唐からし缶
秘伝の調合で香りのなかに辛さが引き立つ。大正時代から続く赤金のブリキ缶のデザインも人気が高い
400円(14g)

B 福ぐるみ
一口ようかんの上にクルミをのせた、やさしい甘さの一品
13粒入り1袋440円

B 信州銘菓みのり
求肥のくるみ餅にこがしきな粉をまぶしてあるお菓子
2個入り1袋170円

B 杏の実
杏と砂糖で練り上げた甘酸っぱいお菓子
1袋440円(130g)

B 玉だれ杏
長野凮月堂の定番商品。杏羹を白玉の求肥でくるんだもの
6個入り993円

C 善光寺 九九福(くくふく)
国産花豆入りの餡にシナモン、ジンジャーを練り込んだ善光寺御公許品
6個入り702円

C 門前 鳩合せ 最中
もち米を使ったパリパリの手焼きの皮に、豆入りの白餡を挟んでいただく
7組入り1296円

C 花童子
もちもちゆべしにたっぷりのクルミ入り。長年愛されている善光寺御公許品
5個入り823円
10個入り1543円

定番の七味缶をはじめ種類も豊富
A 根元 八幡屋礒五郎
こんげん やわたやいそごろう
MAP 付録P.16 B-2

280年もの歴史を持つ七味唐辛子の老舗・八幡屋礒五郎の本店。昭和27年(1952)に大門町に店を構えた。

☎026-232-8277
所長野市大門町83
営9:00～18:30
休無休 交JR長野駅からアルピコ交通バス善光寺線で8分、善光寺大門下車、徒歩1分 Pなし

伝統ある老舗が届ける銘菓
B 長野凮月堂
ながのふうげつどう
MAP 付録P.16 B-2

明治19年(1886)創業。表参道通りに面しており、善光寺散策がてら、玉だれ杏目当てに立ち寄る人も多い。

☎026-232-2068
(FAX)026-234-2078
所長野市大門町510
営9:00～18:00 休無休 交JJR長野駅からアルピコ交通バス善光寺線で8分、善光寺大門下車すぐ Pなし

旬の素材を味と美しさにこだわって
C 九九や旬粋
くくやしゅんすい
MAP 付録P.16 B-1

善光寺山門正面の仲見世通りにあり、御公許品や和洋菓子、地酒が揃う。テイクアウトのクレープも人気。

☎026-235-5557
所長野市元善町486
営8:00～18:00(変動あり) 休無休 交JR長野駅からアルピコ交通バス善光寺線で8分、善光寺大門下車、徒歩5分 Pなし

善光寺詣で栄える信州観光の玄関口
長野駅周辺
ながのえきしゅうへん

古くから善光寺の参拝者で人通りの絶えなかった長野市。北陸新幹線の開通で新旧のスポットが賑わいをみせている。

市内有数の桜の名所として知られる城山公園

長野・善光寺 ● 長野駅周辺

美しい山々に抱かれた信仰と文化の交わる門前町

善光寺の門前町として栄え、江戸時代には北国街道の宿場町として賑わった歴史ある街。今も参拝者のための宿坊が門前に39寺あるなど、かつての面影が息づいている。レストランやカフェが立ち並ぶ華やかな表参道、日本画の巨匠・東山魁夷の世界最大コレクションを誇る長野県信濃美術館など見どころも多く、整備された駅周辺にも注目したい。

↑MIDORI長野周辺は注目の新スポットだ

城山公園
じょうやまこうえん
善光寺周辺 MAP 付録P.16 C-1

大正天皇の御慶事記念に開設した長野市最古の公園

善光寺の東隣に広がる、明治33年(1900)に開設された長野市民の憩いの場。園内には約470本の桜が植えられ、桜の名所としても有名。また動物園や美術館、少年科学センターなどもあり、散策が楽しい。

↑2021年4月にオープンした長野県立美術館(旧長野県信濃美術館)では、展覧会だけでなく無料ゾーンも楽しむことができる。東山魁夷館も併設

☎ 026-223-3911(城山公園管理事務所)
所 長野市箱清水1-7-1 休 無休 料 入園自由 交 JR長野駅からアルピコ交通バス・宇木行き／若槻東条行きで12分、善光寺北下車すぐ P 125台

↓広々とした芝生広場(ふれあい広場)には遊具もあり、市民の憩いの場となっている

> ショッピングスポット

ぱてぃお大門 蔵楽庭
ぱてぃおだいもん くらにわ

古くから紙屋、下駄屋、金物屋などが並ぶ門前町の土蔵や町家を再活用して誕生した複合施設。15棟の建物に飲食店やクラフト雑貨店などが軒を連ねている。

長野駅周辺 MAP 付録P.16 B-2
☎026-238-1717　所長野市長野大門町55
営店舗により異なる　交JR長野駅からアルピコ交通バス善光寺線で8分、善光寺大門下車すぐ　P49台

↑明治初期の茶室や楼閣なども再生され、かつての門前町の賑わいを彷彿とさせる

↑蔵に囲まれた中庭は人気の休憩スペース。イベントが開催されることもある

MIDORI長野
ミドリながの

北陸新幹線開通に合わせてオープンした駅ビル。信州のこだわりの2階みやげ物ゾーン、3階レストランゾーンのほか、4階東急ハンズでは信州発の商品も手に入る。

長野駅周辺 MAP 付録P.16 B-4
☎026-224-1515　所長野市南千歳1-22-6
営10:00〜20:00(店舗により異なる)
休不定休　交JR長野駅直結
P長野駅駐車場利用

↑改札を出るとすぐ自由通路の両側に店舗が並ぶ

↑帰り際にじっくりおみやげを選ぶのもよい

↑地下1階、地上5階建ての和モダンなイメージで長野の新しい顔になった駅ビル

西方寺
さいほうじ

善光寺周辺 MAP 付録P.16 B-2

眩いほどに輝くチベット大仏の立体曼荼羅の世界を体感する

善光寺焼失の際には仮本堂となっていた由緒ある古刹。小林一茶が詠んだ句も残る。二尊堂にはダライ・ラマ14世の開眼法要によるチベット大仏が安置されている。

☎026-237-2707　所長野市長野西町1019
営8:00〜17:00(解説希望の場合は要予約)
休無休　料拝観無料　交JR長野駅からアルピコ交通バス善光寺線で8分、善光寺大門下車、徒歩3分　P20台

↑正治元年(1199)の創建と伝えられる

↑立体曼荼羅二尊極楽堂に鎮座するチベット大仏。四方に菩薩、天井に曼荼羅が描かれている

長野駅周辺

周辺の街とスポット
AROUND NAGANO

北斎が彩る江戸情緒と
栗菓子の甘い香りが漂う

小布施
おぶせ

浮世絵師・葛飾北斎が晩年を過ごし、600年にわたり栗の名産地として知られる小布施。アートと栗を、心ゆくまで堪能したい。

注目ポイント
栗の小径
北斎館から髙井鴻山記念館の裏を通る、黒板塀に囲まれた小布施を象徴する小径。栗材が敷かれ散策の足にもやさしい。
写真提供：
信州・長野県観光協会

白壁と黒板塀の蔵が連なる歴史と芸術を巡る散歩道

江戸幕府御用達の栗の産地として知られ、北信濃の経済と文化の中心地でもあった小布施。晩年この地に滞在し、多くの作品を残した北斎。小布施の彩り豊かな歴史は、今もなお訪れる者の心を躍らせる。

ACCESS
列車 長野電鉄・長野駅から長野線特急で21分
車 長野から県道58・347・343号経由で17km

北斎館
ほくさいかん
MAP 付録P.17 D-2
鮮やかな肉筆画が見られる
晩年に数回小布施を訪れたといわれる北斎の作品を収蔵・展示。肉筆画の掛軸や版面、版本、祭屋台の天井絵など鮮烈さが光る。
☎026-247-5206 ⬛小布施町小布施485
🕐9:00〜17:00(季節により異なる) ❌無休 💴1000円 🚃長野電鉄・小布施駅から徒歩12分 🅿49台

髙井鴻山記念館
たかいこうざんきねんかん
MAP 付録P.17 D-2
文人墨客らが集った邸宅
芸術や学問を愛した豪商鴻山。鴻山の遺墨・遺品などを展示している。

↑髙井鴻山筆『象と唐人図』四曲屏風

☎026-247-4049 ⬛小布施町小布施805-1 🕐9:00〜17:00 ❌無休(展示替え日) 💴300円 🚃長野電鉄・小布施駅から徒歩10分 🅿5台

岩松院
がんしょういん
MAP 付録P.17 F-1
見どころ満載の古刹
北斎の天井画『八方睨み鳳凰図』や小林一茶が「痩せ蛙まけるな一茶是にあり」の句を詠んだという池、戦国武将・福島正則の霊廟などが残る。

←本堂の21畳敷きの天井に描かれた『八方睨み鳳凰図』。極彩色の迫力ある画は見事

☎026-247-5504 ⬛小布施町雁田615 🕐9:00〜16:30(11月1日〜16:00)・2・3月9:30〜15:30 ❌法要日(HP参照) 💴500円 🚃長野電鉄・小布施駅から徒歩30分 🅿20台

↑北斎の描いた天井絵をもつ祭屋台は、江戸の粋を伝えている

「小布施の栗」をスイーツで

桜井甘精堂 本店
さくらいかんせいどう ほんてん

文化5年(1808)に初祖が栗落雁を作って以来200年、伝統の栗菓子を生み出してきた老舗。美術館も併設。

MAP 付録P.17 D-2
☎026-247-1088 ⬛小布施町小布施774 🕐8:30〜18:00 ❌無休 🚃長野電鉄・小布施駅から徒歩7分 🅿5台

↑純栗ようかん
1本300g1296円

小布施堂本店
おぶせどうほんてん

酒造会社が明治期に始めた栗菓子店。伝統の栗菓子から創作洋風菓子まで品揃え豊富。

↑栗鹿ノ子
270g1404円

MAP 付録P.17 D-2
☎026-247-2027 ⬛小布施町小布施808 🕐9:00〜17:00(季節により異なる)、喫茶10:00〜16:00(LO)、食事11:00〜15:00(LO) ❌無休 🚃長野電鉄・小布施駅から徒歩10分 🅿20台

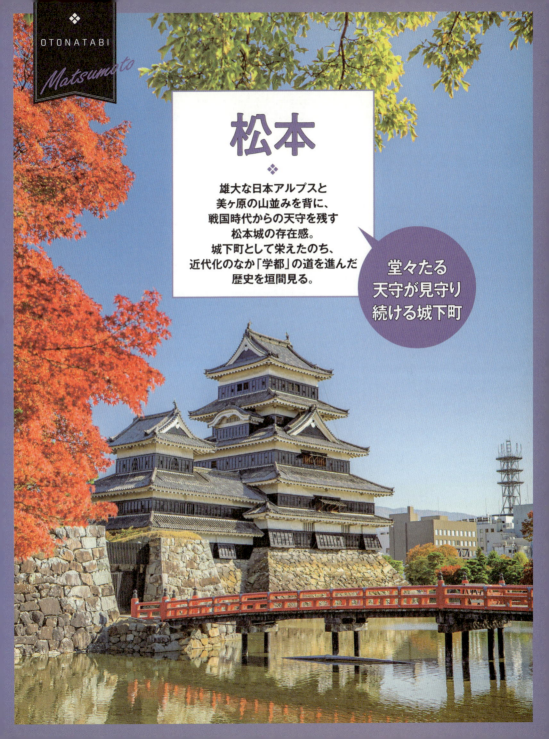

OTONATABI Matsumoto

松本

雄大な日本アルプスと
美ヶ原の山並みを背に、
戦国時代からの天守を残す
松本城の存在感。
城下町として栄えたのち、
近代化のなか「学都」の道を進んだ
歴史を垣間見る。

堂々たる
天守が見守り
続ける城下町

旅のきほん

エリアと観光のポイント
松本はこんなところです

最大のシンボルである国宝・松本城のほか、城下町や学都の歴史にふさわしい見どころがあふれる。レトロな雰囲気の中町通りや縄手通りを歩くのも楽しい。

松本はこんなところです

松本城は五重天守が現存
大手周辺
おおてしゅうへん

地元の人々からも愛されるシンボル・松本城は必訪のスポット。貴重な現存天守に入場して見学するとともに、庭園内も散策してみたい。

観光のポイント 松本城 P.140

↑独特の建築様式が魅力の国宝 旧開智学校校舎

松本観光の起点となるエリア
松本駅周辺
まつもとえきしゅうへん

駅近くにはグルメの名店やホテルが充実。駅前大通り（あがたの森通り）を東に進むと、城下町を守る神社や美術館などの見どころがある。

観光のポイント 深志神社 P.142
松本市美術館 P.142

風情あるメインストリート
中町通り・縄手通り
なかまちどおり・なわてどおり

街の中心部を東西に流れる女鳥羽川を挟み並行する2つの商店街。城下町らしい街並みやレトロな雰囲気を楽しみながらおみやげ探しを。

観光のポイント 中町通り・縄手通り P.148

交通 information

松本の移動手段

JR松本駅を起点として市内中心部を巡るアルピコ交通の周遊バス「タウンスニーカー」は観光にぜひ活用したい（1乗車150円〜、1日乗車券500円）。郊外の温泉地へは駅から路線バスが出ている。

周辺エリアとのアクセス

鉄道

JR軽井沢駅
↓しなの鉄道で44分／北陸新幹線で18分
JR上田駅
↓北陸新幹線で11分
JR長野駅
↓JR特急で8分／JR篠ノ井線（またはしなの鉄道）で13分
JR篠ノ井駅
↓JR特急で43分／JR篠ノ井線で58分
JR松本駅

（しなの鉄道で27分）

車

碓氷軽井沢IC — 上信越道経由 45km — 上田菅平IC — 上信越道経由 28km — 長野IC — 上信越道・長野道経由 7km — 更埴IC — 長野道経由 49km — 松本IC — 国道143号経由 5km — 浅間温泉

軽井沢 — 国道18号、県道79・80号、国道254・152号など経由 75km — 松本 — 上信越道・長野道経由 23km — 県道67・284号経由 5km — 美ヶ原温泉

周辺の温泉

浅間温泉 ➡ P.150
あさまおんせん

松本市街中心部から北へ5kmほどと近い、松本藩の御殿湯のひとつだった歴史ある温泉。温泉街らしい街並みに情緒があふれる。

写真提供：信州・長野県観光協会

美ヶ原温泉 ➡ P.152
うつくしがはらおんせん

松本市街中心部から東へ5km、標高800mの山麓に広がる松本藩の御殿湯のひとつ。落ち着きのある雰囲気で人気の保養地。

写真提供：信州・長野県観光協会

問い合わせ先

観光案内
松本市観光情報センター ☎0263-39-7176
松本市観光案内所 ☎0263-32-2814
松本観光コンベンション協会 ☎0263-34-3295
浅間温泉観光協会 ☎0263-46-1800
美ヶ原温泉旅館協同組合 ☎0263-33-2353

交通
アルピコ交通松本バスターミナル
☎0263-32-0910

139

WALKING & SIGHTSEEING 歩く・観る

歴史・文化の名残が色濃く漂う城下町

松本 まつもと

黒と白の対比が美しい国宝・松本城。城郭を中心として広がる城下町には、四季を通じて数多くの観光客が訪れる。

大天守（だいてんしゅ）
戦国時代末期に築造され、敵から領国を守る役割をもった5重6階の強固な造り

辰巳附櫓（たつみつけやぐら）
泰平の世になって造られた櫓のため、敵を撃退する石落は見られない

月見櫓（つきみやぐら）
善光寺に参詣する徳川家光を迎え入れる予定で増築された。三方の戸を外すと吹き抜けになる

渡櫓（わたりやぐら）
地階つきの2階建で構造。大天守と乾小天守をつなぐ天然木の梁が見どころ
※2021年3月現在、2階は非公開

埋橋越しに望む松本城天守。背後には美ヶ原の山々が広がっている

歴史にふれる街歩き 旧城下町のレトロタウン

400年以上の歴史を誇る松本城。その城下町は南北に長く広がり、街の中央を流れる女鳥羽川（めとばがわ）によって南北に分けられる。北側は松本城と武家屋敷、南側は町人の町として発展してきた歴史を持ち、戦火を免れたことから歴史的建造物が多く現存する。北アルプスや美ヶ原高原などの雄大な自然景観に囲まれ、随所に湧水スポットが点在している。

戦国末期と平和な時代の調和が見事

松本城 まつもとじょう

現存する5重6階の天守では日本最古の国宝の城

天守は文禄2年（1593）頃、石川氏の時代に築造された。山城が主であった戦国時代にあって珍しい平城であり、犬山城、彦根城、姫路城、松江城とともに国宝に指定されている国内有数の名城である。

注目ポイント

おもてなし隊
松本城では松本藩三代藩主・小笠原秀政や正室・登久姫、鎧武者や忍者に扮する「おもてなし隊」が記念撮影に協力してくれる。

大手周辺 MAP 付録P.19 D-2
☎0263-32-2902　所 松本市丸の内4-1
開 8:30～17:00（入場は～16:30）　休 無休　料 700円
交 JR松本駅から徒歩20分／アルピコ交通バス・タウンスニーカー北コースで8分、松本城・市役所前下車すぐ　P 110台（有料）

大天守内を見学しよう

1F 鯱瓦や天守の壁など、昭和修理で取り替えられた資料を展示している

2F 火縄銃の仕組みや兵装品の一部を公開している松本城鉄砲蔵の展示

3F 二重目の屋根裏に位置する暗階。倉庫や避難所とされた

4F 戦時に城主が座を構える御座所。城内で最も急な61度の階段がある

5F 武者窓から全方角が見渡せ、重臣らが集まったとされる作戦会議室

6F 天守最上階からは、松本市街と北アルプスの山々を一望できる

乾小天守
いぬいこてんしゅ

天守の右側（北側）に位置する3重4階の構造。渡櫓で天守とつながっている

太鼓門
たいこもん

門上に鐘や太鼓を備えた太鼓楼があり、家臣に時間や情報を伝える役割を果たしていたといわれている

本丸御殿跡
ほんまるごてんあと

本丸庭園内の瓦で仕切られた部分。城主の居館として建設された

黒門
くろもん

本丸御殿への正式な門として、当時の最高色調である黒の名を冠した

松本／松本城

国宝 旧開智学校校舎
こくほう きゅうかいちがっこうこうしゃ
大手周辺 MAP 付録P.19 D-1

明治時代初期に建てられた擬洋風建築の代表作

現存する校舎は明治9年（1876）に建てられたもので、約90年にわたり使用された明治時代初期の学校校舎。近代学校建築として国宝指定第1号でもある。

☎ 0263-32-5725 ⌂ 松本市開智2-4-12
⏰ 9:00～17:00（入館は～16:30）※変更の場合あり 休 第3月曜、12～3月の月曜（祝日の場合は翌日） ¥ 400円 🚃 JR松本駅から徒歩25分／アルピコ交通バス・タウンスニーカー北コースで17分、旧開智学校下車、徒歩1分 P 20台

↑和風と洋風のデザインが混在する擬洋風建築

※2021年6月から耐震工事のため長期休館

旧松本高等学校
きゅうまつもとこうとうがっこう
松本郊外 MAP 付録P.18 B-2

ヒマラヤ杉に囲まれた学び舎は歴史的にも貴重な学校建築

大正8年（1919）に開校した旧制松本高等学校の校舎として建てられ、現在はあがたの森文化会館として使用されている。

☎ 0263-32-1812（あがたの森文化会館）
⌂ 松本市県3-1-1 ⏰ 9:00～22:00（日曜は～17:00）、記念館9:00～17:00（最終入館16:30） 休 月曜、祝日・日曜以外、月曜が祝日および振替休日の場合は月・火曜休、記念館は祝日開館 ¥ 入館自由（記念館310円） 🚃 JR松本駅から徒歩20分／アルピコ交通バス・タウンスニーカー東コースで13分、旧松本高校下車すぐ P 40台

↑教科書など松高ゆかりの資料を展示した記念館

↑保存状態が良く、国の重要文化財にも指定

※2021～23年まで、耐震工事のため一部施設の利用・見学不可

↑現在は教育博物館として約11万点の教育資料が保存されている

↑卒業生である北杜夫の『どくとるマンボウ青春記』の舞台としても有名

深志神社
ふかしじんじゃ
松本駅周辺 MAP 付録P.19 E-4

城下町と歴史をともにする地域の守り神として鎮座

女鳥羽川の川南地域である南深志の氏神さまとして信仰されてきた。諏訪明神と天神様を祀り、毎年7月の天神祭は松本の夏を代表する風物詩として知られる。

↑鮮やかな朱色の鳥居をくぐると、境内は厳かな空気に包まれる

☎ 0263-32-1214 ⌂ 松本市深志3-7-43
休 無休 ¥ 参拝自由 🚃 JR松本駅から徒歩11分 P 70台

↑朱塗りの荘厳な本殿は2002年の記念事業で全面的に改修されたもの

松本市美術館
まつもとしびじゅつかん
松本駅周辺 MAP 付録P.19 F-4

郷土出身芸術家の名作地域に開かれた美術館

鑑賞・表現・学習・交流の4つを柱としており、松本出身の芸術家・草間彌生や書家の上條信山の常設展示のほか、市民アトリエや多目的ホールなど市民に広く利用されている。

↑歴史都市松本の「町並み修景」に寄与した宮本忠長による設計

☎ 0263-39-7400 ⌂ 松本市中央4-2-22 ⏰ 9:00～17:00（入館は～16:30） 休 月曜（祝日の場合は翌日） ¥ 410円（企画展は別料金） 🚃 JR松本駅から徒歩12分 P 67台

↑美術館の前には草間彌生の巨大野外彫刻作品『幻の華』（2002年）を展示している

※改修工事のため2021年4月から2022年4月下旬まで休館

歴史

白漆喰と黒漆塗りの天守が美しい松本城の下で栄えてきた
城下町・松本の歴史

戦国の謀反や離反、調略が渦巻く時代を耐え、深志城は松本城と名を改め、400年の歳月を刻む。「学都」と呼ばれる松本市内には旧開智学校校舎をはじめ、いくつもの歴史的建造物が見られる。

「松本」の地名は松本城とともに

松本エリアの歴史は古く、すでに旧石器時代には人の活動が認められ、縄文・弥生時代の遺跡も多く残っている。松本市並柳にある弘法山古墳は東日本最古級の前方後方墳とされ、律令時代には信濃国の国府が置かれた。鎌倉幕府が倒れると、信濃の守護は小笠原氏となるが、戦国時代に甲斐の武田信玄が信濃に侵攻、小笠原の軍勢は敗走し、武田勢は松本城の前身とされる深志城を本拠地とした。武田氏が滅びると小笠原貞慶が深志城を奪還し、深志を松本と改め、これが地名ともなった。貞慶は城下町と城郭の整備に取り組むが、天正18年(1590)に徳川家康の関東転封に伴って古河に移された。代わりに豊臣秀吉によって石川数正が松本に入封し、松本城天守などの建造が進められた。松本城主は以後、6家23人がその任についた。明治になると新政府の「城郭破却令」により、明治5年(1872)に松本城天守は競売にかけられ取り壊されることになったが、地元有力者らが買い戻しに成功。同36年(1903)から大正にかけての大修理が実施されるなど存続の危機を乗り越え、昭和の大修理を経て天守の姿が保存されている。

↑中町通りのなまこ壁の建物に城下町風情が色濃く残る

松本城 ◯P.140

現存する天守12城のひとつで、天守は国宝に指定。北アルプスを借景にそびえる堂々とした五重天守の姿は、松本の象徴として名高い。

↑貴重な文化遺産である松本城天守

←天守買い戻しのため明治6年(1873)に開かれた筑摩県博覧会の錦絵〈日本銀行金融研究所・貨幣博物館所蔵〉

明治になると文明開化の波が到来

明治時代に入ると最後の松本城主・戸田光則は松本藩知事となり、明治4年(1871)に廃藩置県によって松本県となる。維新以降の松本エリアの町村はいくつもの合併や分離を繰り返しながら、同40年(1907)には松本町は松本市となった。松本の文明開化を代表するものとして旧開智学校校舎(国指定重要文化財)がある。明治9年(1876)に松本の大工の棟梁・立石清重が設計・施行し、昭和38年(1963)まで使用された。「学都」と称される松本を象徴する擬洋風建築の校舎だ。大正8年(1919)に設置された旧松本高等学校もその本館の一部と講堂が重要文化財に指定されている貴重な洋風建造物だ。卒業生である作家・北杜夫は、随筆『どくとるマンボウ青春記』で本校での日々をユーモアたっぷりに描いた。

↑日本の学校建築を代表する開智学校校舎(左)と、旧松本高等学校(右)
写真提供:信州・長野県観光協会

和家具産業から民芸が発展

16世紀後半の安土桃山時代、深志城は松本城と改名されたが、この頃から城郭や天守、城下町の整備を進めるために多くの優秀な職人が松本に集められ、やがて彼らの技術を生かした和家具の産地として発展していく。大正時代末期には日本でも有数の生産高を誇ったが、第二次世界大戦により衰退してしまう。この惨状を目にした民芸運動の推進者・柳宗悦や河井寛次郎、バーナード・リーチらの助言や指導により「松本家具」は再生し、昭和23年(1948)に松本民芸家具が創業。同51年(1976)には当時の通産省によって「伝統工芸品」の指定を受けた。現在も職人による伝統的な和家具の高度な技術を駆使し、美しい和洋家具として多くの人々を魅了している。

↑魅力的な家具が並ぶ松本民芸家具 中央民芸ショールーム(P.145)

GOURMET 食べる

松本 ● 食べる

レトロなダイニング&カフェ
古き良き食卓への憧憬(しょうけい)

60年前から文化保存の気運が高かった街は今もなお、芸術家らに愛されている。懐古調空間に足を踏み入れれば、そこは粋な大人が時間を忘れて楽しむ空間。

**クラシカルな優美さに誘われて
ツタに覆われた美しき古典世界**

レストラン鯛萬
レストランたいまん
大手周辺 MAP 付録P.19 D-3

独特の風格と洗練された雰囲気がどこをとっても絵になるフレンチの名店。高い天井、窓から見える庭、咲き誇る花々が感じさせてくれる静かな贅沢。特別な日を演出したいときに。

☎0263-32-0882
所 松本市大手4-2-4 営 11:30〜14:00 17:00〜21:00(LO20:00) 休 水曜 交 JR松本駅から徒歩15分 P 10台

1. 1階メインダイニング。店内には重厚ながらもつろげる空間が広がる
2. クラシック音楽が静かに流れる店内は、民芸家具がよく似合う
3. 「ドンブ産うずらのロティー」はランチA(6050円)のメイン

**気取らなさと懐かしさが魅力
空腹時にうれしいサービス精神**

民芸レストラン 盛よし
みんげいレストランもりよし
松本駅周辺 MAP 付録P.19 D-4

地元の人に愛されるお店は初代店主で35年以上。驚くほどのボリュームの昔懐かしい洋食を、リーズナブルな値段で提供する。松本民芸家具でまとめられたシックな店内も魅力。

☎0263-36-2903
所 松本市深志2-1-21 国府ビル1F 営 11:30〜15:00(土・日曜は〜16:00) 17:30〜21:30(日曜は〜21:00) 休 火曜 交 JR松本駅から徒歩4分 P なし

1. 里帰りに必ず立ち寄る人もいるほど世代を超えたファン多数
2. 空腹時はこれ。カニコロッケとチーズハンバーグセット1450円
3. 盛よしヒレカツ鉄板焼1400円も大満足なこのボリューム

144

時空を超えたヴィンテージ空間
ゆっくり思索に耽りたいときに
珈琲まるも
こーひーまるも

中町通り周辺 **MAP** 付録P.19 E-3

松本民芸家具の創設者が手がけた旅館の一部を茶房として一般に開放。明治21年（1888）築の蔵造りの館を飾るシックな調度品と品の良いクラシックで、しばしのタイムトリップ。

☎ 0263-32-0115
所 松本市中央3-3-10　営 9:00～16:00
休 月・火曜　交 JR松本駅から徒歩12分
P なし

1. 松本の著名な木工家・池田三四郎が設計。民俗研究家・柳宗悦からも空間の美学を賛美された
2. 朝8時には芳醇な珈琲の香りが広がり始める
3. ホームメイドレアチーズはさっぱりして美味
4.「まるも旅館」の1階部分が茶房になっている

ほっこり田舎感が懐かしい風情
手仕事料理にお腹も心も温まる
しづか

大手周辺 **MAP** 付録P.19 E-2

やさしい笑顔と割烹着で出迎えてくれる女将さんに「帰ってきたよ」と言いたくなる、日本情緒たっぷりの空間。地元の人情が詰まった和み系居酒屋は郷土料理も幅広く揃う。

☎ 0263-32-0547
所 松本市大手4-10-8　営 12:00～22:00（LO21:00、ランチは～14:00）　休 日曜、祝日　交 JR松本駅から徒歩15分　P 9台

1. 松本の庶民的グルメ「山賊焼」はぜひ試したい一品
2. 川魚料理も豊富。これは信州サーモンの押し寿司
3. おでんと焼鳥に始まった店は「おばあちゃんの家に帰ってきた」ような懐かしさ
4. 店の中央に置かれた囲炉裏が独特の風情を醸し出す

民芸の心が息づく街・松本

松本の飲食店でレトロ感の演出に一役買っているのが、民芸家具や調度品の数々だ。民芸の魅力にふれてみよう。

和と洋が融合したオリジナル家具
松本民芸家具
中央民芸ショールーム
まつもとみんげいかぐ ちゅうおうみんげいショールーム

熟練の職人たちが作り出す松本民芸家具の製品約400点を展示。その場でオーダーも可能。ここでしか手に入らない民芸小物はおみやげに最適。

中町通り周辺
MAP 付録P.19 E-3

⬆ 歴史的景観の中町通りでもひときわ目を引くなまこ壁の蔵造り

☎ 0263-33-5760　所 松本市中央3-2-12
営 9:30～18:00　休 無休　交 JR松本駅から徒歩10分　P なし

⬆ 8回の漆塗りを施した家具は独特の艶がある

民芸品約700点を企画・常設展示
松本民芸館
まつもとみんげいかん

民芸研究家・丸山太郎の開設。国内外の日常の暮らしで使用されてきた美しい民芸の品々、陶磁器や木工品、染織品などを収蔵している。

⬆ 丸山氏が収集品とともに市に寄贈した土蔵造りの建物や庭園も美しい

松本郊外 **MAP** 付録P.18 B-2

☎ 0263-33-1569　所 松本市里山辺1313-1
営 9:00～17:00（入館は～16:30）　休 月曜（祝日の場合は翌平日）　料 310円　交 JR松本駅からアルピコ交通バス・美ヶ原温泉線で15分、松本民芸館下車、徒歩3分　P 20台

⬆ 世界の民芸品が配されている

古き良き食卓への憧憬

舌の肥えた文化人が闊歩していた街は食文化も百花繚乱
街の**誇り**を食す

「文化を大切にする街は、味にもうるさい」
そんな通説どおりのこだわりの店が軒を連ねる。
大地が育んだ食材を、心ゆくまで賞味あれ。

松本が誇る郷土の味
馬肉料理

古来この地方で輸送や農耕に不可欠だった馬。生活に深く入り込んだ肉は、南信州の顔。

まろやかさくら鍋　1人前2480円
1人前から提供してくれるお鍋は、同じく長野が名産のおろしリンゴと生卵で。絶妙なハーモニーがお肉の甘みを引き立ててくれる。写真は2人前

さくら刺の5種盛り　2350円
赤身、霜降り、たてがみ、ハツ、レバーの5種。たてがみとは脂肪分とゼラチンでできた、馬肉特有の真っ白な部位のこと

さくら料亭 新三よし
さくらりょうてい しんみよし

松本駅周辺 MAP 付録P.19 D-4

約120年の歴史に風格漂う90品目の馬肉料理を扱う老舗

創業明治32年(1899)、馬肉料理を中心に幅の広いメニューが揃う老舗。郷土色あふれる店内は常時満席。桜肉をまるごと堪能したければ、1日20食限定の桜づくしコース4290円を。

☎0263-39-0141
松本市中央1-7-17 毛利ビル1・2F
⏰11:50〜13:30(LO13:00) 17:00〜22:00(LO21:30)
休 日曜
交 JR松本駅から徒歩3分 Pなし
予約 可
予算 L 1000円〜 / D 3500円〜

↑馬肉しゃぶしゃぶ目当てに、県外からも多くの人が訪れる

↑馬蹄や馬のオブジェ、絵画などが飾られた店内は、ちょっとした博物館のような風情

↑2階には落ち着いて食べられる個室の予約席もある

↑1階はカウンター席にボックス席、座敷席と多彩

地元産にこだわった
そば

そば店が100軒以上点在する激戦区・松本。粉の産地にまでこだわる店主の語りも醍醐味だ。

こばやし本店
こばやしほんてん
大手周辺 MAP 付録P.19 D-3

皇族も訪れた風情あるそば店は二八の味覚を守る「伝承のそば」

明治から伝わる職人技を守り抜いた味は、年配層を中心にファンが多い。わさびは安曇野産、醤油は地元松本の大久保醸造謹製。四柱神社境内の新緑や紅葉を眺めながらいただける。

☎0263-32-1298
所 松本市大手3-3-20　四柱神社境内
営 11:00～20:00
休 木曜
交 JR松本駅から徒歩10分
P なし

予約 可
予算 1300円～

→ NHK連続テレビ小説『おひさま』の「丸庵」はこのお店がモデル

ざるそば 1430円
つゆは地元謹製甘露醤油と、薩摩の肉厚カツオ、利尻の最上級昆布をオリジナルでブレンド。自分でおろす本わさびの香りが格別

→ わさびは安曇野穂高の契約農家から毎日直送される新鮮なもの

→ そばが見えないほど大きな具材がたっぷり入った、志っぽくそば 1650円

→ 地元産玄そばから製麺された干しそばはつゆとセットで贈答用に（1790円）

→ 毎日店内の石臼で、地元寿・内田地区産の粉を挽く

→ 松本民芸家具で統一された空間は、しっとりと落ち着ける雰囲気

三重そば
みかさね
1430円

「海苔」「抹茶」「とろろ」の3つの味を楽しめる不動の看板メニュー。とろろ＋ゴマとクルミの薬味は店主考案のオリジナル

女鳥羽そば
めとばそば
中町通り周辺 MAP 付録P.19 E-3

店内の石臼で毎日挽く新鮮な粉風味のたつそばを3種の味で

女鳥羽川のほとりにある、和モダンな蔵造りの店。市内産の玄そばを毎朝店内で自家挽きにして使用。塩分糖分控えめ、天然素材のみのつゆも、店主の来客を思いやる気持ちの賜物。

☎0263-35-8502
所 松本市中央3-4-8
営 11:00～17:00(土・日曜は～19:00)
休 水曜、第3火曜
交 JR松本駅から徒歩12分
P 7台

予約 可
予算 1300円～

→ 2014年改装のなまこ壁の店舗

街の誇りを食す

SHOPPING
買う

城下町風情が感じられる蔵が特徴の中町通り

どこか懐かしいレトロな雰囲気の縄手通り

城下町の面影残る小路で買い物&食べ歩き

中町通り・縄手通り
なかまちどおり・なわてどおり

女鳥羽川を挟んで東西に延びる趣の異なる2つの小路。
伝統工芸店や地元グルメの店が軒を連ねる風情ある通りを歩きたい。

なまこ壁の商家の街並みと下町情緒漂う商店街

本町通りと大橋通りを結ぶ中町通りは、酒蔵や呉服などの問屋で栄えた歴史を持つ。商人らの知恵で火災に強いなまこ壁の土蔵が造られた。縄のように長い土手というのが名の由来の縄手通りは江戸時代の城下町が再現されている。

⇒縄手通り西入口に鎮座するのは通称ガマ侍。神輿として作られ、重さは400kg！

⇒縄手通りの真ん中あたりにある「カエル大明神」。商業組合の「活気ある縄手にカエル」願いが込められている

ギャルリ灰月
ギャルリかいげつ
作家の一点ものを探す旅

全国から集められた作家作品を、企画と常設に分けて展示。一生もののアイテムが見つかることも。

⇒店が懇意にしている作家を想像しながら買い物を

中町通り周辺 MAP 付録P.19 D-3
☎0263-38-0022 ⌂松本市中央2-2-6 高美書店2F ⏰11:00～18:00（3～12月の金・土曜は～19:00）休火～木曜（企画展中は変更有り）JR松本駅から徒歩6分 Pなし

⇒陶器からアクセ、洋服まで幅の広い展示

⇒備前の土を使った、上品な風合いの焼きしめ小皿2700円

⇒取り分け用の真鍮スプーン4752円

⇒個性的な質感が味わい深い銅カップ(小)7550円、(大)8640円

てまりや
人気のバウムクーヘン専門店

長野県産の米粉などを使い、自店舗で焼き上げるバウムクーヘンはしっとりとした食感が特徴。

⇒こだわりのバウムクーヘンをおみやげや贈り物に

中町通り周辺 MAP 付録P.19 D-3
☎0263-39-5858 ⌂松本市中央2-4-15 謝藍ビル ⏰10:00～17:00 休第2・4木曜 JR松本駅から徒歩8分 Pなし

⇒定番にして極上、米がやさしく香る「みのり」ホール2200円

⇒松本城をイメージし竹炭パウダーを練り込んだ「まつもと」(上)、なめらかな口どけの「あわゆき」(下)。各2800円

⇒愛らしい形の「てまりん」2800円は小布施栗を使用

四柱神社
よはしらじんじゃ

神道さんの名で親しまれる

四柱の神様が祀られ、すべての願いごとが叶う「願い事むすびの神」として参拝者が絶えない。

縄手通り周辺　MAP 付録P.19 D-3
☎ 0263-32-1936
所 松本市大手3-3-20　休 無休 料 参拝自由
交 JR松本駅から徒歩10分　P 20台

↑パワースポットとしても近年注目を集める。境内へは明治天皇ゆかりの御幸橋が架かる

↑↑自家製あんこがぎっしり。長野県産地粉と卵を使った皮も味わい深い

たい焼きふるさと
たいやきふるさと

味の秘訣は昔ながらの一本焼き

一個一個ていねいに焼き上げる昭和の製法を守り抜くがゆえに、薄皮のパリパリ感。散策中のおやつに。

縄手通り周辺
MAP 付録P.19 D-3
☎ 0263-39-5552
所 松本市大手4-1
営 10:00～18:00　休 火曜
交 JR松本駅から徒歩15分
P なし

↑たい焼きが焼ける過程をイラスト化した手ぬぐい1000円

↑ウインナー、カスタードクリームもあり。あんこの量り売りも可

ちきりや工芸店
ちきりやこうげいてん

世界各地の手仕事が大集結

日本のみならずアジア・西アフリカなど国境を越えて集められたコレクションはたいへん見応えあり。

中町通り周辺　MAP 付録P.19 E-3
☎ 0263-33-2522　所 松本市中央3-4-18
営 10:00～17:30　休 火・水曜　交 JR松本駅から徒歩12分　P なし

↑松本民芸館初代館長・故丸山太郎氏が始めた歴史ある店
↑なまこ壁の通りから見えるカラフルな硝子

↑2150円の大きめマグは、ぜひセットで揃えたい

工藝マエストロ
こうげいマエストロ

完成度の高さ、これぞ日本の技

陶磁器や木漆器など世界に誇る工芸品ばかりを展示。その技の凄さに日本の美学を感じるはず。

中町通り周辺　MAP 付録P.19 E-3
☎ 0263-33-7895　所 松本市中央3-2-15
営 10:30（展示会開催時10:00）～18:30
休 不定休　交 JR松本駅から徒歩11分
P なし

↑シンプル・イズ・ベストが形になった檜の杓文字1本880円
↑「飾りたくなる箒」として人気の高い松本箒

↑木曽路の職人さんが作り上げた艶やかな小判弁当7920円
↑和みの日本をご飯から感じられる、染付け飯碗2750円

中町通り・縄手通り

149

周辺の街とスポット
AROUND MATSUMOTO

広々とした天然白木の浴槽と高い天井が特徴の「星野リゾート 界 松本」内湯

城下町に湧く歴史ある名湯

浅間温泉
あさまおんせん

1300年の名湯の歴史を今に残す老舗旅館から、伝統と調和したモダンな宿まで立ち並ぶ。旅のスタイルに合わせた宿でくつろぎたい。

**殿様から文人までも親しんだ
やわらかな名湯に身を任せる**

　松本の奥座敷に広がる浅間温泉は平安時代から湯治場として知られる名湯。江戸時代には松本藩の御殿湯として守られ、明治以降は若山牧水や与謝野晶子、竹久夢二ら多くの文人も訪れている。

心地よい風を感じながら、湯浴みを楽しむ露天風呂

ACCESS
バス JR松本駅からアルピコ交通バス・浅間線で20分
車 松本から国道143号経由で5km

星野リゾート　界 松本
ほしのリゾート　かい まつもと

MAP 付録P.18A-4

8種13通りの湯浴みが魅力

松本の浅間温泉にたたずむ星野リゾートの温泉旅館ブランド「界」の宿。2つの湯殿で8種13通りの湯浴みや信州ワインと和会席のマリアージュ、毎夜開催されるロビーでのコンサートなどが楽しめる。

☎0570-073-011(界予約センター) ⌂松本市浅間温泉1-31-1 ⌚IN15:00／OUT12:00 無休 1泊2食付2万6000円〜 JR松本駅からアルピコ交通バス・浅間線で33分、ホットプラザ浅間前下車すぐ Ｐ17台

楽器をイメージしたオブジェやスピーカーなど音楽を楽しめるオーディオクラフトルーム

ワインと和牛を贅沢に味わう「ワインすき鍋会席」

ロビーでは毎晩クラシックやジャズの演奏が楽しめる。コンサートの時間帯はワインバーもオープン

松本てまりをモチーフにした、美しい八寸

現代建築と和モダンが融合したデザインが特徴

↑最上階にある大浴場からの眺望が自慢。朝焼け、日の入りが特におすすめ

onsen hotel OMOTO
オンセン ホテル オモト
MAP 付録P.18 B-3
山々と松本の街を一望する
旅館の贅沢とホテルの身軽さ、どちらも備えた新しいスタイルの宿。最上階にある大浴場からは、北アルプスの山々と松本市街が一望できる。温泉を満喫して、松本での自由な滞在が可能。

☎0263-46-2385 所松本市浅間温泉3-13-10 IN15:00／OUT10:00 不定休
1泊朝食付9900円〜 JR松本駅からアルピコ交通バス・浅間線で32分、浅間温泉下車、徒歩3分 P15台

浅間温泉

ホテル玉之湯
ホテルたまのゆ
MAP 付録P.18A-4
貸切風呂で温泉を満喫する
明治18年(1885)創業の純和風の宿。15タイプある客室、4つの貸切風呂など、バリアフリー設計で幅広い層に対応。生演奏で楽しめる歌声喫茶風ふれあいコンサートも好評。

☎0263-46-0573 所松本市浅間温泉1-28-16 IN15:00／OUT11:00 不定休
1泊2食付1万5000円〜 JR松本駅からアルピコ交通バス・浅間線で23分、中浅間下車すぐ P25台

↑信州の味覚を堪能できる料理が味わえる

↑広々とした露天風呂付き客室。細部に配慮がされた安心のバリアフリー設計

↑ゆったりとした12.5畳の和室は、大きな窓からの眺めも抜群

↑和洋室は、幅広いお客様に人気の部屋。部屋からは松本の夜景も望める

↓露天風呂付き大浴場。湯上がりに延命茶とかりんジュースのサービスも

↑屋上にある3つの貸切展望露天風呂は開放感たっぷりにくつろげる

←源泉かけ流しが人気の貸切風呂。利用はチェックイン時の予約制(有料)

151

北アルプスを一望する高台の名湯
美ヶ原温泉
うつくしがはらおんせん

『日本書紀』に「束間温湯(つかまのゆ)」として登場し、1000年以上も愛され続ける美ヶ原温泉。こんこんと湧き出る豊かな古湯を楽しみたい。

松本城主の保養地だった
歴史と伝統ある温泉街

情緒ある和風の老舗温泉宿の多い美ヶ原温泉。奈良時代に開湯したと伝わり、江戸時代には歴代松本城主の御殿の湯があった地でもある。風情ある街並みは、松本市景観百選のひとつにも選ばれている。

ACCESS
バス JR松本駅からアルピコ交通バス・美ヶ原温泉線で20分
車 松本から県道67・284号経由で5km

↑四季を感じる美しい情景を眼前にしてくつろげる翔峰の内湯・露天風呂

松本●周辺の街とスポット

翔峰
しょうほう

MAP 付録P.18 B-1
多彩な湯と眺望を満喫
2018年5月グランドオープン。展望風呂「美しの湯」の新設をはじめ、しつらえを極めた客室などリニューアル。趣の異なる7つのお風呂で湯めぐりが楽しめる。

☎0263-38-7755 ㊟松本市里山辺527
⌚IN15:00/OUT10:00 ㊡無休 ¥1泊2食付2万1050円～ ㊋JR松本駅からアルピコ交通バス・美ヶ原温泉線で19分、翔峰前下車すぐ Ⓟ150台

↑多彩な風呂が楽しめる庭園大浴場

↑雄大な景色を眺めながら入浴できる展望風呂、リビングテラス付き客室

↑雄大な北アルプスと城下町が一望できる

↑北アルプスの景色を水面に映す水鏡の湯。展望風呂「美しの湯」

湯宿 和泉屋善兵衛
ゆやどいずみやぜんべえ

MAP 付録P.18 B-1
天然温泉とそばが自慢
創業130年余りの民芸蔵造りの老舗旅館。加水しない100%の天然温泉と、手打ちのそばが味わえる。好みで料理を選べる夕食も好評。貸切風呂の立ち寄り湯も楽しめる。

☎0120-30-2043 ㊟松本市里山辺451
⌚IN14:00/OUT11:00 ㊡不定休 ¥1泊2食付1万3200円～ ㊋JR松本駅からアルピコ交通バス・美ヶ原温泉線で22分、美ヶ原温泉下車、徒歩3分 Ⓟ30台

↑日帰り入浴ができる貸切風呂「木もれ日の湯」

↑松本城下を思わせる民芸蔵造り。現在の建物は1990年完成

↑こげ茶色の梁が温かみを感じさせる客室。写真は新館の風呂付き8畳

↑貸切風呂は青石の露天風呂と檜の内湯を併設

152

TRANSPORTATION
Karuizawa

アクセスと交通

高原の
リゾートと歴史
ある街を結ぶ

新幹線の開通や自動車道路、
空港の整備などによって飛躍的に
身近になった軽井沢・上田・長野・松本。
北陸新幹線が金沢まで通ったことで、
さらに賑わうように。

軽井沢・上田・長野・松本へのアクセス

北陸新幹線を利用して主要エリアへ向かうルートが多い

主要な観光エリアの玄関口となる軽井沢駅、上田駅、長野駅を北陸新幹線（長野経由）が結ぶ。東京駅から軽井沢駅まで約1時間15分なので、飛行機の場合は羽田空港を経由するのが一般的。

北陸新幹線は停車駅に注意
東京～金沢間を「かがやき」・「はくたか」が、東京～長野間を「あさま」が走る。列車によっては通過する駅があるので事前に確認を。

北海道・九州・中国地方からは飛行機で
北海道や九州などある程度距離の離れた地域からアクセスするなら、飛行機でまず羽田空港に向かい、東京駅から北陸新幹線を利用しよう。また、札幌便・福岡便・大阪便（夏季のみ運航）でかつ松本か長野にアクセスしたい場合は、信州まつもと空港（松本空港）を利用すると効率的だ。

車か公共交通機関か、エリア間の移動方法を比較して選びたい
エリア間の移動

観光のエリアは大まかに分けて軽井沢・上田・長野・松本それぞれを中心とする4つ。エリア間を移動する方法をルートと時間から吟味して、プランニングに役立てたい。

長野〜松代
車 約30分／11km
国道18号・県道35号経由
バス 約28分
アルピコ交通バスを利用

長野〜上田
車 約55分／42km
国道18号・上信越道経由
電車 約12分
北陸新幹線を利用

長野〜小布施
車 約37分／17km
県道58・347・343号経由
電車 約23分
長野電鉄特急を利用

上田〜小布施
車 約52分／52km
上信越道経由
電車 約1時間
北陸新幹線・長野電鉄特急を利用

○軽井沢〜上田〜長野間の移動は、時間を重視するなら北陸新幹線が便利だが、移動自体を楽しみたいならしなの鉄道の観光列車「ろくもん」（P.125）がおすすめ（軽井沢駅→長野駅は所要約2時間15分）

松本〜長野
車 約1時間／56km
長野道・上信越道・県道35・国道117号経由
電車 約52分
JR特急を利用

上田〜松代
車 約45分／35km
上信越道・県道35号経由

上田〜真田の郷
車 約23分／9km
国道144号経由
バス 約24分
上田バスを利用

軽井沢〜上田
車 約58分／43km
国道18号・県道80号・上信越道経由
電車 約18分
北陸新幹線を利用

上田〜別所温泉
車 約23分／11km
県道65・177号経由
電車 約28分
上田電鉄を利用

信濃追分〜小諸
車 約24分／15km
県道80号経由
電車 約15分
しなの鉄道を利用

軽井沢〜信濃追分
車 約15分／8km
国道18号経由
電車 約8分
しなの鉄道を利用

松本〜浅間温泉
車 約10分／5km
国道143号経由
バス 約30分
アルピコ交通バスを利用

上田〜小諸
車 約30分／23km
上信越道経由
電車 約20分
しなの鉄道を利用

松本〜美ヶ原温泉
車 約10分／5km
県道67・284号経由
バス 約20分
アルピコ交通バスを利用

松本〜上田
車 約1時間15分／45km
国道254号・県道65号経由
バス 約1時間30分
上田—松本間直行バス利用

松本〜軽井沢
車 約2時間／75km
国道254・152号、県道79・80号、国道18号など経由

※情報は2021年3月現在のものです。料金や所要時間は季節により変動する場合があります。おでかけ前にWebサイトなどでご確認ください。

移動したい方面ごとに、利用可能なバスを把握してスムーズに移動したい
軽井沢の交通

軽井沢駅を起点に、町内循環バスをはじめとして路線バスやシャトルバスが運行している。
時季により運行が変更されたり、運行期間が限定されているものもあるので、事前にしっかり確認を。

路線バス
軽井沢駅から各方面にバスが運行

● **旧軽井沢方面への主なバス**

軽井沢駅の主に北口から路線バスが発着している。旧軽井沢銀座入口の旧軽ロータリーまではバスを利用したい。

町内循環バス
東・南廻り線（内回り）が1日6本運行しており、軽井沢駅北口から旧軽井沢までは所要約4分・140円。

草軽交通バス 旧軽井沢シャトルバス
4月下旬～11月上旬の土・日曜・祝日（GWと7月下旬～8月下旬は全日）に運行、北口から（GWと7月下旬～8月下旬は南口からも）発車しており、駅北口から旧軽井沢までは所要時間約7分（南口発は9分）・150円。

草軽交通バス 北軽井沢・草津温泉行き
4月下旬～11月下旬に運行する北軽井沢・草津温泉行き路線バスが旧軽井沢を経由。駅北口から旧軽井沢まで所要約4分・160円。また旧三笠ホテルのある三笠も経由しており、三笠までは所要約8分・270円。

西武観光バス 鬼押出し園方面行き
4月下旬～10月末頃まで軽井沢駅北口から発車しており、そのうち平日は9本（土・日曜、祝日は10本）が旧軽井沢駅を経由する。所要約4分・150円。

● **中軽井沢方面への主なバス**

西武観光バスの路線バスが星野エリアを経由している。

西武観光バス 鬼押出し園・草津温泉方面行き
4月下旬～10月末頃まで軽井沢駅北口から発車しており、中軽井沢駅、星野温泉トンボの湯を経由。星野温泉トンボの湯まで所要約19分・470円。

● **南軽井沢方面への主なバス**

塩沢湖（軽井沢タリアセン）周辺へは西武観光バスの急行塩沢湖線を利用するのが便利。ほかに軽井沢駅北口から塩沢湖をまわって中軽井沢駅に向かう町内循環バスも運行している。町内循環バスは塩沢湖を経由しない便もあるので、その場合は風越公園で下車し、徒歩で塩沢湖へ向かう（10分程度）。

町内循環バス
東・南廻り線（外回り）が1日6本（塩沢湖経由は3本）運行しており、軽井沢駅北口から風越公園までは所要約24分・200円。内回りでは1日6本のうち2本が塩沢湖を経由。中軽井沢駅から風越公園までは所要約14分・200円。

西武観光バス 急行塩沢湖線
軽井沢駅から千住博美術館、塩沢湖（軽井沢タリアセン）、絵本の森美術館・エルツおもちゃ博物館を経由し風越公園へ向かう急行バス。軽井沢駅北口から塩沢湖までは所要約13分・420円。

<問い合わせ先>
町内循環バス…軽井沢町住民課交通政策係 ☎0267-45-8540
草軽交通バス…草軽交通バス 軽井沢営業所 ☎0267-42-2441
西武観光バス…西武観光バス 軽井沢営業所 ☎0267-45-5045

電車
しなの鉄道で信濃追分、小諸へアクセス

軽井沢駅から西に延びるしなの鉄道の下り線で、中軽井沢駅までは約4分（230円）、信濃追分駅まで約8分（240円）、小諸駅まで約24分（500円）でアクセス。毎時1～3本運行。

車での移動は注意が必要

①**ハイシーズンの軽井沢は渋滞必至**
GWや夏休み、紅葉の時季の軽井沢は渋滞が起きやすく、迂回しても完全回避はほぼ不可能。特に碓氷軽井沢ICから軽井沢駅周辺に向かう途中の南軽井沢交差点は大渋滞になる要注意地点なので、県道157号で中軽井沢へ出るようにしたい。

②**霧や冬の路面凍結に注意**
関東からの気流の影響で年間平均120日も霧が出るという軽井沢。特に夏に発生しやすく、霧が出た場合は慎重な運転を心がけること。また、気温が低い地域なので11～4月は雪や路面の凍結に備え、スタッドレスタイヤが必須になる。

上田の交通

上田駅を起点に便利なバスと電車で各方面へ移動

真田氏ゆかりのスポットを観光するために、バスや電車などを組み合わせて移動したい。上田市街地と周辺は路線バス、別所温泉へは電車、松代へは電車+バスでアクセスできる。

路線バス

観光にも使える路線バスをチェック

上田バス・菅平線／真田線
上田駅発で1日計12〜13本あり、新田（大輪寺まで徒歩4分）を経由して真田の郷へ。観光案内所・ゆきむら夢工房まで約24分（300円）。
上田バス ☎0268-34-6602

長電バス・屋代須坂線
しなの電鉄・屋代駅から松代まで約26分（420円）。
長電バス 長野営業所 ☎026-296-3208

電車

上田電鉄、しなの電鉄で別所温泉、松代へ

上田駅から上田電鉄・別所線（毎時1〜3本）で別所温泉まで約28分（590円）。しなの鉄道の下り線は松代へ向かう長電バス・屋代須坂線が出ている屋代駅まで、上田駅から約22分（450円）でアクセスできる。

長野の交通

長野市の玄関口

長野県内最大規模のターミナル駅を起点に周辺観光と合わせたお得なプランを活用したい。

お得なきっぷが用意されている

ターミナル駅である長野駅からは多くの路線バスが発着しており、乗り放題で利用できるお得なきっぷもある。

善光寺・松代1dayパス
松代への主なアクセスのひとつが、長野駅からアルピコ交通の松代線バスを利用する方法。善光寺と合わせて松代にも向かう予定なら、善光寺周辺の路線バス（循環バス除く）と松代線などが1日乗り放題になるのでおすすめ。長野、松代のいくつかの施設の入館料の割引特典もある。長野駅前案内所で販売、1500円。
アルピコ交通長野駅前案内所 ☎026-227-0404

善光寺へのアクセスは ➡ P.127

松本の交通

中心部を手軽な周遊バスが走る

市内中心部は徒歩でも十分観光できるが、周遊バスを利用すれば効率よく移動可能だ。

アルピコ交通のタウンスニーカーが便利

松本駅を起点に市内中心部を周遊する「タウンスニーカー」東西南北4コースのうち、観光に便利なのは松本城・開智学校校舎方面の北コース（松本駅お城口から8時30分〜17時15分間に8・17時台を除き毎時2本発、土・日曜は9〜15時台が毎時3本発）と、中町・旧松本高等学校方面の東コース（松本駅お城口から8時40分〜20時間に8・19・20時台を除き毎時3本発）だ。1乗車150円〜（北・東コースは一律200円）。

タウンスニーカー1日乗車券
タウンスニーカーの4コースすべてが1日乗り放題になるほか、一部の観光施設では券面を提示すると入場料が割引になる。タウンスニーカーバス車内、または松本バスターミナルで販売、500円。
アルピコ交通 松本バスターミナル ☎0263-32-0910

INDEX

軽井沢

遊ぶ・歩く・観る

あ 浅間山 ・・・・・・・・・・・・・・・・・・ 28
　浅間六里ヶ原休憩所 ・・・・・・・・・・・ 58
　碓氷第三橋梁 ・・・・・・・・・・・・・・ 72
　エルツおもちゃ博物館・軽井沢 ・・・ 67
　オーディトリアム通り ・・・・・・・・・ 35
　鬼押出し園 ・・・・・・・・・・・・・・・ 59
か 軽井沢絵本の森美術館 ・・・・・・・・ 67
　軽井沢現代美術館 ・・・・・・・・・・・ 53
　軽井沢高原教会 ・・・・・・・・・・ 28・50
　軽井沢高原文庫 ・・・・・・・・・ 65・77
　軽井沢聖パウロカトリック教会 ・37・38
　軽井沢千住博美術館 ・・・・・・・・・・ 66
　軽井沢タリアセン ・・・・・・・・・ 25・64
　軽井沢町植物園 ・・・・・・・・・・・・ 69
　軽井沢野鳥の森 ・・・・・・・・・・・・ 24
　軽井沢ユニオンチャーチ ・・・・ 37・39
　軽井沢レイクガーデン ・・・・・・・・ 68
　旧軽井沢銀座通り ・・・・・・・・・・・ 38
　くつかけテラス ・・・・・・・・・・・・・ 47
　熊野皇大神社 ・・・・・・・・・・・・・ 45
　雲場池 ・・・・・・・・・・・・・・・ 27・56
　御膳水 ・・・・・・・・・・・・・・・・・・ 56
さ サイクルメイトQ 駅前店 ・・・・・・ 56
　サイクルメイトQ 新軽店 ・・・・・・ 56
　犀星の径 ・・・・・・・・・・・・・・・・ 35
　浄月庵 ・・・・・・・・・・・・・・・・・ 76
　ショーハウス記念館 ・・・・・・・ 36・71
　白糸の滝 ・・・・・・・・・・・・・ 26・58
　睡鳩荘 ・・・・・・・・・・・・・・・・・ 64
　セゾン現代美術館 ・・・・・・・・・・・ 52
　千ヶ滝 ・・・・・・・・・・・・・・・・・・ 26
た 田崎美術館 ・・・・・・・・・・・・・・ 53
　チャーチストリート軽井沢 ・・・・・ 39
な 長倉の牧 ・・・・・・・・・・・・・・・ 70
　二手橋 ・・・・・・・・・・・・・・・・・ 44
　日本基督教団軽井沢教会 ・・・・・・ 37
　日本聖公会
　軽井沢ショー記念礼拝堂・・ 25・36・71
は ハルニレテラス ・・・・・・・・・・・ 49
　ピクチャレスク・ガーデン ・・・・・・ 51
　ピッキオ ・・・・・・・・・・・・・・・・ 51
　深沢紅子 野の花美術館 ・・・・・・ 65
　ベイネ美術館 ・・・・・・・・・・・・・ 64
　星野エリア ・・・・・・・・・・・・・・・ 48
　星野温泉 トンボの湯 ・・・・・・・・ 51
ま 万平通り ・・・・・・・・・・・・・・・ 35
　三笠通り ・・・・・・・・・・・・・・・・ 34

　見晴台 ・・・・・・・・・・・・・・ 27・45
　ムーゼの森 ・・・・・・・・・・・・・・・ 67
　室生犀星記念館 ・・・・・・・・・ 39・77
　茂沢の南石堂遺跡 ・・・・・・・・・・ 70
や 矢ヶ崎公園 ・・・・・・・・・・・・・・ 57
ら 竜返しの滝 ・・・・・・・・・・・・・・ 26
　ル ヴァン美術館 ・・・・・・・・・・・・ 66
　レンタサイクル市村輪店 ・・・・・・・ 56

食べる

あ 茜屋珈琲店 旧道店 ・・・・・・・・・ 41
　アダージオ ・・・・・・・・・・・・・・・ 84
　アトリエ・ド・フロマージュ
　軽井沢ピッツェリア ・・・・・・・・・・ 87
　イル・ソーニョ ・・・・・・・・・・・・・ 49
　エルミタージュ ドゥ タムラ ・・・・・ 81
　Auberge de Primavera ・・・・・・・ 83
　押立茶房 ・・・・・・・・・・・・・・・・ 85
　お食事処 実乃里 ・・・・・・・・・・・ 23
か かぎもとや中軽井沢本店 ・・・・・ 97
　Cachette ・・・・・・・・・・・・・・・・ 86
　カフェテラス ミハエル ・・・・・・・・ 92
　カフェ ラフィーネ ・・・・・・・・・・・ 93
　Cafe Restaurant Paomu ・・・40・102
　軽井沢キッチン ロータリー店 ・・・・ 95
　軽井沢 日本料理 大嶋 ・・・・・・・ 96
　軽井沢ホテルブレストンコート
　ザ・ラウンジ ・・・・・・・・・・・・・・ 89
　軽井沢ホテルブレストンコート
　ノーワンズレシピ ・・・・・・・・・・ 85
　川上庵本店 軽井沢 川上庵 ・・・・・ 97
　旧軽井沢cafe 涼の音 ・・・・・・・・ 40
　旧軽井沢ホテル 音羽ノ森
　レストラン「桂姫」ラウンジ ・・・・・ 89
　珈琲館 旦念亭 ・・・・・・・・・・・・ 57
　coffee house shaker ・・・・・・・・・ 91
さ サジロカフェ・リンデン ・・・・・・・ 49
　シェ草間 ・・・・・・・・・・・・・・・・ 81
　しげの屋 ・・・・・・・・・・・・・・・・ 45
　せきれい橋 川上庵 ・・・・・・・・・・ 49
　セルクル ・・・・・・・・・・・・・・・・ 49
た ちもと総本店 ・・・・・・・・・・・・ 41
　Tea Salon 軽井沢の芽衣 ・・・・・・ 93
　Trattoria Primo ・・・・・・・・・・・・ 87
は ブランジェ浅野屋
　軽井沢旧道本店 ・・・・・・・ 42・94
　フランスベーカリー ・・・・・・ 75・94
　ふりこ茶房 ・・・・・・・・・・・・・・ 92
　ブレストンコート ユカワタン ・・・・ 80
　ベーカリー&レストラン 沢村 旧軽井沢・95

　ホセ・ルイス軽井沢 ・・・・・・・・・・ 22
　ホテル鹿島ノ森 メイプルラウンジ ・・ 86
ま 万平ホテル カフェテラス ・・・・・ 88
　ミカド珈琲 軽井沢旧道店 ・・・・41・75
　無彩庵 池田 ・・・・・・・・・・・・・・ 82
　森の中のレストラン こどう ・・・・・ 84
ら 離山房 ・・・・・・・・・・・・・ 75・90
　Ristorante Pietrino ・・・・・・・・・・ 84
　レストラン湖水 ・・・・・・・・・・・・ 65
　レストラン酢重正之 ・・・・・・・・・・ 96
　レストラン ピレネー ・・・・・・・・・ 82
　レストラン モデスト ・・・・・・・・・ 83
わ わかどり ・・・・・・・・・・・・・・・・ 42

買う

あ アトリエ・ド・フロマージュ
　軽井沢チーズ熟成所・売店 ・・・・・ 99
　アトリエ・ド・フロマージュ
　旧軽井沢店 ・・・・・・・・・・・・・ 103
　一彫堂 ICCHODO ・・・・・・・・・・・ 43
　大坂屋家具店 ・・・・・・・・・・・・・ 43
か 我蘭憧 ・・・・・・・・・・・・・・・・ 49
　軽井沢紅茶館 サンビーム ・・・・・ 100
　軽井沢デリカテッセン ・・・・・・・・ 99
　軽井沢のアトリエ ・・・・・・・・・・ 103
　軽井沢物産館 ・・・・・・・・・・・・・ 98
　軽井沢・プリンス
　ショッピングプラザ ・・・・・・・・ 28・60
　Qcul Atelier ・・・・・・・・・・・・・・ 43
さ ジャムこばやし ・・・・・・・・・・・ 98
　Schokoladen burg
　軽井沢チョコレート館 ・・・・・・・・ 102
　白樺堂 駅前通り店 ・・・・・・・・・ 103
　酢重正之商店 ・・・・・・・・・・・・ 100
た 腸詰屋 軽井沢1号店 ・・・・・・・ 99
　ツルヤ 軽井沢店 ・・・・・・・・・・ 101
　Truffle BAKERY 軽井沢店 ・・・・・ 23
な 中山のジャム ・・・・・・・・・・・・ 98
　ナチュールテラス ・・・・・・・・・・ 49
ま 丸山珈琲 軽井沢本店 ・・・・・・・ 100

泊まる

か 軽井沢 浅間プリンスホテル ・・・・・ 105
　軽井沢マリオットホテル ・・・・・・・ 106
　旧軽井沢ホテル 音羽ノ森 ・・・・・・ 106
さ ザ・プリンス 軽井沢 ・・・・・・・・・ 105
た つるや旅館 ・・・・・・ 39・70・77・107
　TWIN-LINE HOTEL
　KARUIZAWA JAPAN ・・・・・・・・・・ 22

は 星のや軽井沢 ・・・・・・・・・・72・104
星野リゾート
軽井沢ホテルブレストンコート ・・・105
ホテル鹿島ノ森・・・・・・・・・・・・・106
HOTEL KARUIZAWA CROSS ・・・・・・22
ま 万平ホテル ・・・・・・・ 27・72・75・105
ら ルグラン旧軽井沢・・・・・・・・・・・106
レジーナリゾート軽井沢御影用水・・・107
レジーナリゾート旧軽井沢・・・・・・107

信濃追分

あ 浅間神社・・・・・・・・・・・・・109
追分コロニー・・・・・・・・・・・109
追分宿の分去れ・・・・・・・・・・109
さ 信濃追分文化磁場 油や・77・108
シャーロックホームズ像・・・・・109
泉洞寺・・・・・・・・・・・・・・109
は 堀辰雄文学記念館・・・・・・77・109

小諸

か 小諸城址懐古園・・・・・・・・・・110
小諸市立小山敬三美術館・・・・・・110
小諸市立藤村記念館・・・・・・・・・110

上田・松代

遊ぶ・歩く・観る

あ 安楽寺・・・・・・・・・・・・・・119
池波正太郎 真田太平記館 ・・・・・・115
石湯・・・・・・・・・・・・・・・・118
上田城・・・・・・・・・・・・・・・114
大湯・・・・・・・・・・・・・・・・118
か 北向観音・・・・・・・・・・・・・119
さ 真田氏記念公園・・・・・・・・・122
真田氏本城跡・・・・・・・・・・122
真田氏歴史館・・・・・・・・・・122
真田邸・・・・・・・・・・・・・117
真田宝物館・・・・・・・・・・・117
常楽寺・・・・・・・・・・・・・119
た 大師湯・・・・・・・・・・・・・118
大輪寺・・・・・・・・・・・・・115
長国寺・・・・・・・・・・・・・117
長谷寺・・・・・・・・・・・・・122
は 文武学校・・・・・・・・・・・・117
芳泉寺・・・・・・・・・・・・・115
ま 松代城跡・・・・・・・・・・・・116
や 柳町通り・・・・・・・・・・・・115

泊まる

ら 旅館 花屋 ・・・・・・・・・・・・・119

長野・善光寺

遊ぶ・歩く・観る

さ 西方寺・・・・・・・・・・・・・・135
城山公園・・・・・・・・・・・・・134
善光寺・・・・・・・・・・・・・・126

食べる

か かどの大丸・・・・・・・・・・・・130
兄部坊・・・・・・・・・・・・・・131
さ THE FUJIYA GOHONJIN・・・・・・・132
常住院・・・・・・・・・・・・・・131
SHINKOJI CAFÉ ・・・・・・・・・・・132
そば処 小菅亭・・・・・・・・・・・130

買う

か 九九や旬粋・・・・・・・・・・・・133
根元 八幡屋礒五郎・・・・・・・・133
な 長野凮月堂・・・・・・・・・・・・133
は ぱてぃお大門 蔵楽庭・・・・・・・135
ま MIDORI長野・・・・・・・・・・・・135

小布施

あ 小布施堂本店・・・・・・・・・・・136
か 岩松院・・・・・・・・・・・・・・136
さ 桜井甘精堂 本店・・・・・・・・・136
た 髙井鴻山記念館・・・・・・・・・・136
は 北斎館・・・・・・・・・・・・・・136

松本

遊ぶ・歩く・観る

か 旧松本高等学校・・・・・・・・・・142
国宝 旧開智学校校舎・・・・・・・・142
な 中町通り・縄手通り・・・・・・・・148
は 深志神社・・・・・・・・・・・・・142
ま 松本市美術館・・・・・・・・・・・142
松本城・・・・・・・・・・ 140・143
松本民芸家具
中央民芸ショールーム・・・・・・・・145

松本民芸館 ・・・・・・・・・・・・・145
や 四柱神社 ・・・・・・・・・・・・・149

食べる

か 珈琲まるも・・・・・・・・・・・・145
こばやし本店・・・・・・・・・・・147
さ さくら料亭 新三よし・・・・・・・146
しづか・・・・・・・・・・・・・・145
ま 民芸レストラン 盛よし・・・・・・144
女鳥羽そば ・・・・・・・・・・・・147
ら レストラン鯛萬・・・・・・・・・・144

買う

か ギャルリ灰月・・・・・・・・・・・148
工藝マエストロ・・・・・・・・・・149
た たい焼きふるさと・・・・・・・・・149
ちきりや工芸店・・・・・・・・・・149
てまりや・・・・・・・・・・・・・148

浅間温泉

あ onsen hotel OMOTO ・・・・・・・・・・151
は 星野リゾート　界 松本・・・・・・・150
ホテル玉之湯・・・・・・・・・・・151
ま 松本十帖・・・・・・・・・・・・・・23

美ヶ原温泉

さ 翔峰 ・・・・・・・・・・・・・・・152
や 湯宿 和泉屋善兵衛 ・・・・・・・・・152

STAFF

編集制作 Editors
(株)K&Bパブリッシャーズ

取材・執筆・撮影 Writers & Photographers
(株)まちなみカントリープレス
(有)フォトプレーン
早川浩子　藤原恵里　室田美々　山崎則子　岩下宗利
白川由紀　忍章子　村上菜つみ

執筆協力 Writers
内野究　遠藤優子　河野あすみ　好地理恵

本文・表紙デザイン Cover & Editorial Design
(株)K&Bパブリッシャーズ

表紙写真 Cover Photo
PIXTA

地図制作 Maps
トラベラ・ドットネット(株)
DIG.Factory

写真協力 Photographs.
関係各市町村観光課・観光協会
関係諸施設
PIXTA

総合プロデューサー Total Producer
河村季里

TAC出版担当 Producer
君塚太

TAC出版海外版権担当 Copyright Export
野崎博和

エグゼクティヴ・プロデューサー
Executive Producer
猪野樹

おとな旅 プレミアム

軽井沢 小諸・上田・松代・松本・善光寺 第3版

2021年6月6日　初版　第1刷発行

著　　者	TAC出版編集部
発 行 者	多田敏男
発 行 所	TAC株式会社　出版事業部
	（TAC出版）

〒101-8383 東京都千代田区神田三崎町3-2-18
電話　03(5276)9492(営業)
FAX　03(5276)9674
https://shuppan.tac-school.co.jp

印　　刷	株式会社　光邦
製　　本	東京美術紙工協業組合

©TAC 2021　Printed in Japan　ISBN978-4-8132-9450-4
N.D.C.291　　　　　　　　落丁・乱丁本はお取り替えいたします。

本書は、「著作権法」によって、著作権等の権利が保護されている著作物です。本書の全部または一部につき、無断で転載、複写されると、著作権等の権利侵害となります。上記のような使い方をされる場合には、あらかじめ小社宛許諾を求めてください。

本書に掲載した地図の作成に当たっては、国土地理院発行の数値地図(国土基本情報)電子国土基本図(地図情報)、数値地図(国土基本情報)電子国土基本図(地名情報)及び数値地図(国土基本情報20万)を調整しました。